风车·水车

1 用小刀将花茎的两端切开几条道（由老师操作）。

2 [illegible]向外侧卷曲，此时将一根细竹签从中间穿过去。

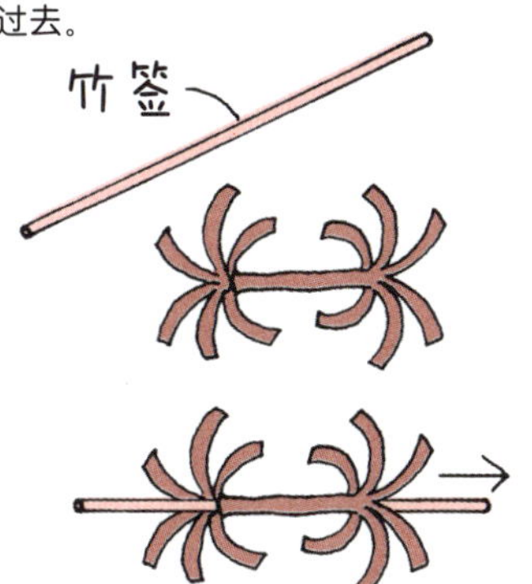

3 冲着它吹气，它就会像风车一样转起来；将它半浸入流水中，又会像水车一样转动。

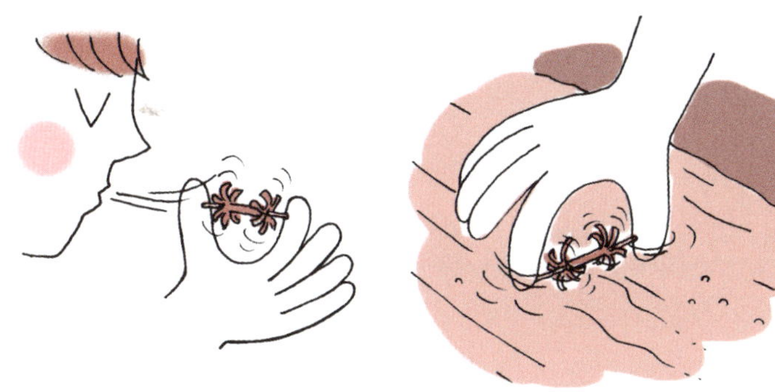

紫云英花车 （参见植物图鉴 p.130）

1 剪下两段蒲公英的花茎。

2 将茎部笔直的紫云英插入其中一根蒲公英花茎中。

3 将另一根蒲公英花茎作为吹管。对着紫云英吹气，花朵就会转动起来。

2 斗车前草 （参见植物图鉴 p.130）

寻找韧性较强的车前草来玩斗草游戏吧。

快来试一试！

1 从根部剪切。

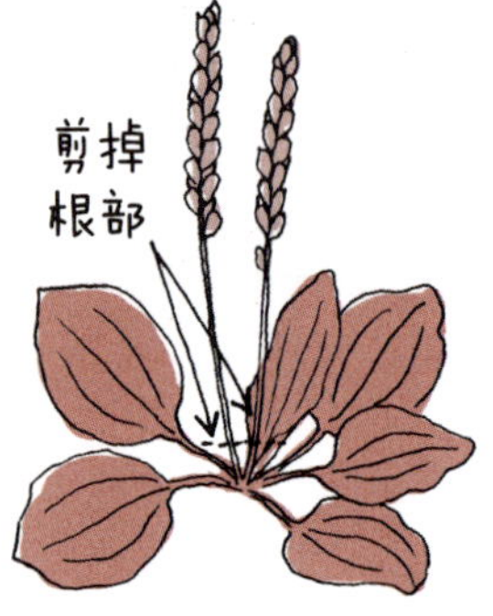

2 每人握住一根，将茎部缠绕在一起后使劲拽，茎部不断开的一方获胜。

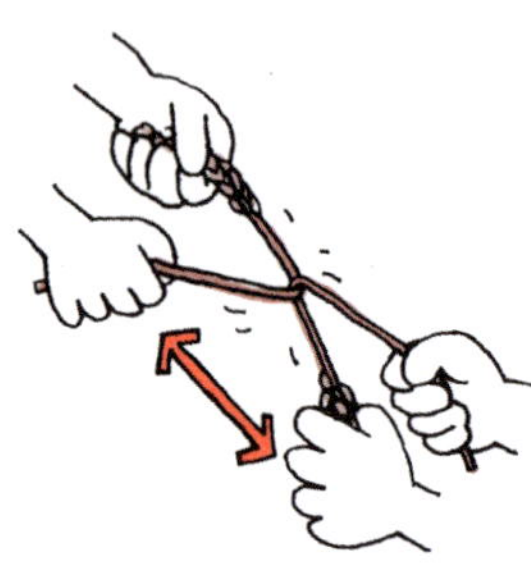

Memo

车前草（车前草科）

＊

是一种生长在荒地和路边的野草，生命力极其顽强。其叶片中的维管束（水和营养物质通过的部分）具有很强的韧性，所以用力拉扯叶子的时候，叶子是不会被扯断的，反而可能连着叶柄一起被扯下来。正因为车前草的叶子如此坚韧，所以即使经常被踩踏也能顽强生存。

3 笔头草·笔头菜猜谜 （参见植物图鉴 p.130）

猜猜哪一节是断开的。

快来试一试！

1 将笔头草（笔头菜）茎部的某一节扯断，然后再将其复原。

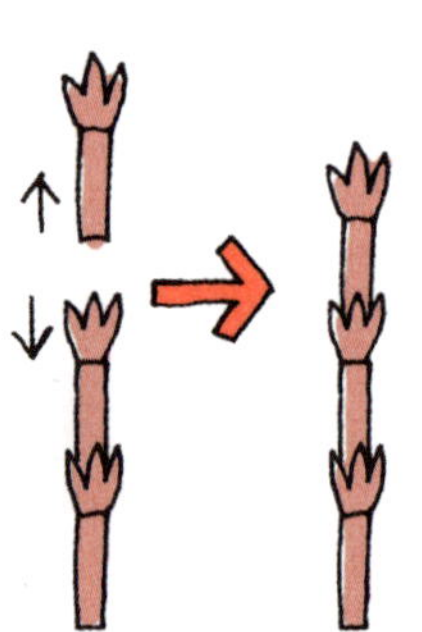

2 让别人猜猜是哪一节被扯断了。猜的人只能看，不能摸。

Memo

笔头草·笔头菜（木贼科）

＊

这是一种能在同一地方不断生长的多年生草本植物。笔头草和笔头菜通过地下的根相连。先长出来的是笔头草，等孢子枯萎后，笔头菜就生长出来了。

四籽野豌豆哨子 （参见植物图鉴 p.130）

用豆荚制作能吹出美妙音符的哨子。

快来试一试！

1 选择豆粒饱满的豆荚，剪出吹奏口，并从一侧将豌豆粒取出来。

2 用双唇轻轻衔住吹奏口，吹一吹。随着双唇力度的变化，会发出各种有趣的声音。

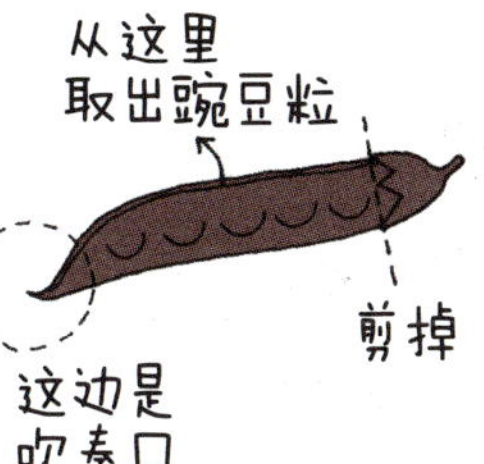

Memo

四籽野豌豆（豆科）

*

成熟的豆荚会变得乌黑发亮。跟四粒野豌豆类似的还有一种叫云雀豌豆（小巢菜）的植物。“人类不吃，云雀吃”，这句流传着的话让它有了现在的名称。

看麦娘哨子 （参见植物图鉴 p.130）

拔掉穗子吹一吹，“哔——”，真响亮。

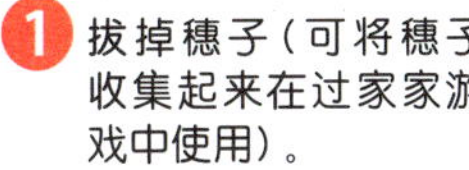

快来试一试！

1 拔掉穗子（可将穗子收集起来在过家家游戏中使用）。

2 用双唇衔住吹奏口，轻轻吹一吹，就会发出“哔——哔——”的声音。

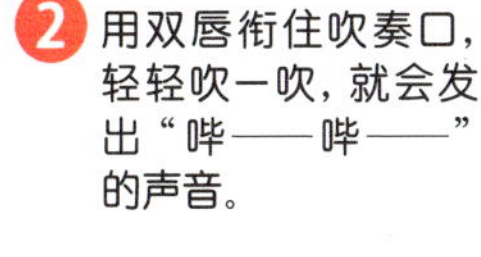

Memo

看麦娘（禾本科）

*

生长在地里和田间小道上。因为用看麦娘做成的哨子能发出“哔——哔——”的声音，所以也叫哔哔草。许多类似的乔木科草本植物都可参照此法做成哨子。

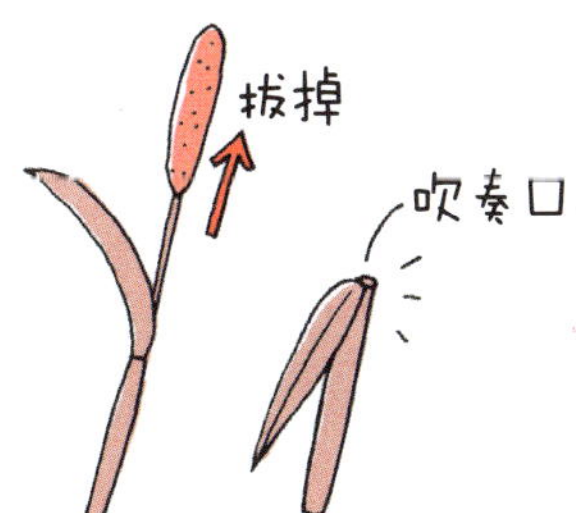

树叶哨子

一片普通的树叶也可以做成哨子哦！还能吹出不同的声音呢！

快来试一试！

柔软的叶子（4~5月的嫩叶）

● 放在嘴边轻轻吹，使叶子震动。

● 将叶片放在唇上，用食指和中指夹着嘴唇，轻轻地吹，使叶片震动。

＊樱花、洋槐、狭叶四照花、糙叶树、桤木等植物的叶子都适合做哨子。尝试使用更多不同的树叶吧！

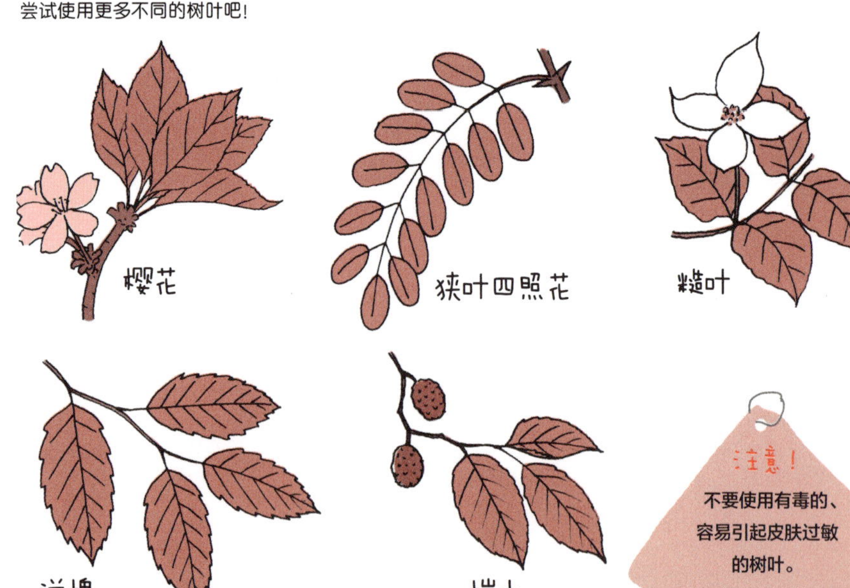

注意！

不要使用有毒的、容易引起皮肤过敏的树叶。

较硬的叶子

如图从叶尖开始将树叶卷成筒状，拿着中部，双唇夹住吹奏口，找到容易发出声音的位置。吹奏的力度不同，声音也会不同哦！

＊山茶花的叶子为最佳选择，茶梅、冬青卫矛、日本女贞的树叶也可制成类似的哨子。

7 长了一个尖鼻子

将小刺拔下来，贴在鼻子上。尖尖的鼻子真好玩。

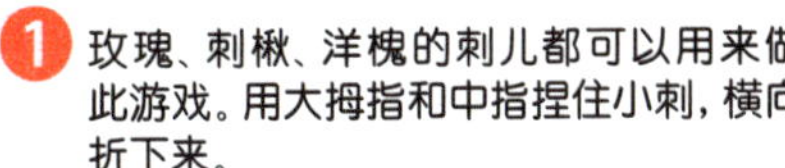

1. 玫瑰、刺楸、洋槐的刺儿都可以用来做此游戏。用大拇指和中指捏住小刺，横向折下来。

2. 在小刺上涂点唾沫后粘在鼻子上。和伙伴们说：“哇～鼻子变长了！”

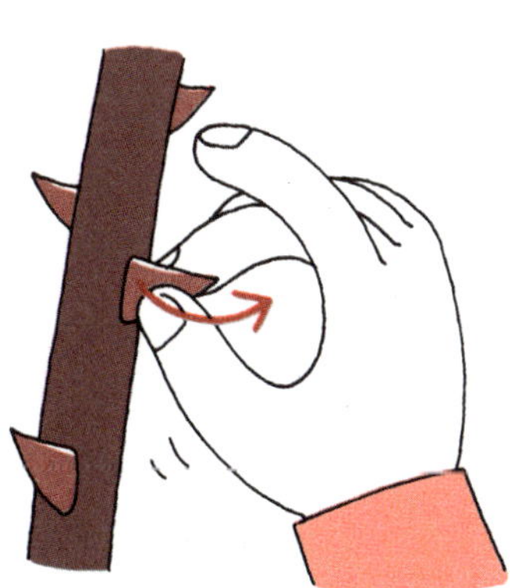

荠菜摇铃 （参见植物图鉴 p.130）

轻轻晃动，就可以听到像铃铛一样的声音。

快来试一试！

1. 从茎的根部剪切。将果实部分轻轻地向下拉，使它们垂下来，最上面的花保持不动。

剪下来

2. 转动茎部，就会发出微弱的噼啪噼啪的声音。

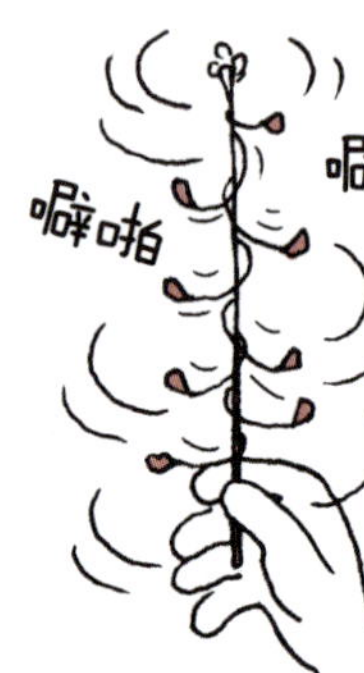

Memo

荠菜（十字花科）

*

春天七草之一，既可入药又可食用。别名荠荠草。

花朵占卜

随手摘下一朵花，用花瓣来占卜吧。

快来试一试！

1. 在庭院或者任何可以自由采摘花朵的地方，摘下几朵花。

2. “喜欢、不喜欢、喜欢、不喜欢……”一边说一边撕花瓣，每一片花瓣对应一句话，看看最后一片花瓣对应的是什么？

采集野花·水剪法

利用水剪法，使发蔫的野花恢复生机！

快来试一试！

刚采摘下来的花朵会因为被幼儿紧握手中等原因，导致茎部受到损害。还有些因长时间缺少水分的滋润，导致花朵变蔫。这样的花朵即使插入花瓶，也很可能无法吸收水分。对此，应当利用水剪法使其恢复活力。

1. 在水中用剪刀将花茎的底部剪掉一小段，然后将其浸入水中 15 秒。

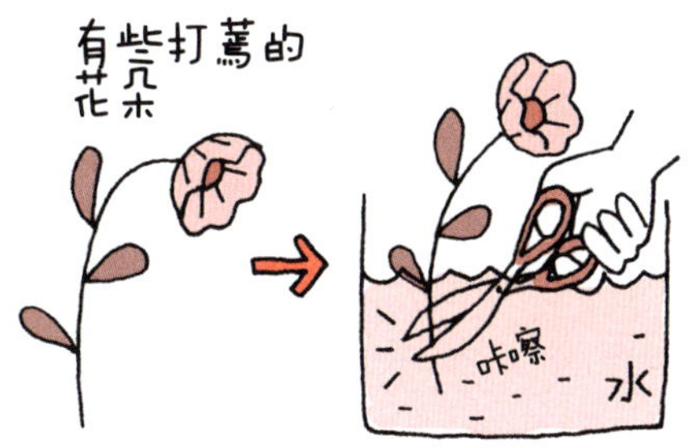

2. 然后马上把花朵插入花瓶中，这样花茎就能吸收水分、恢复活力了。

Memo

开辟一个杂草园

＊

如果幼儿园里没有可以自由采摘的杂草，那么请老师一定要开辟一个小小的杂草园，让孩子们有机会接触这些植物。不长草的操场内土壤基本上不会含有种子，所以要找一些生长过植物的土壤放在院子里，这样草就会越长越多，孩子们喜欢的蚱蜢等小虫子也会慢慢地聚集过来。

11 收集油菜花籽

油菜花开后，取下花籽做游戏吧。

快来试一试！

花期过后，摘下花籽，玩过家家游戏。

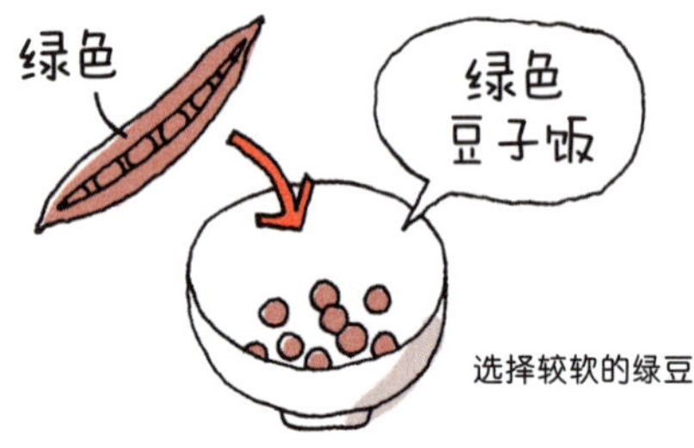

选择较软的绿豆。

将干燥后变成茶色的豆子取出一些碾碎。捣出来的花籽中由于含有油的成分，摸起来滑滑的，很有趣。

12 水萝卜水彩

用水萝卜制成水彩颜料来画画吧。

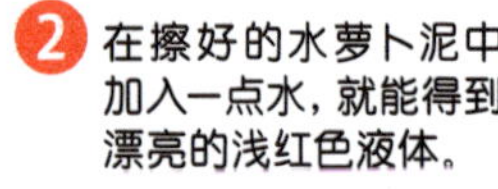

❶ 使用擦菜板将水萝卜红色的部分擦成泥。

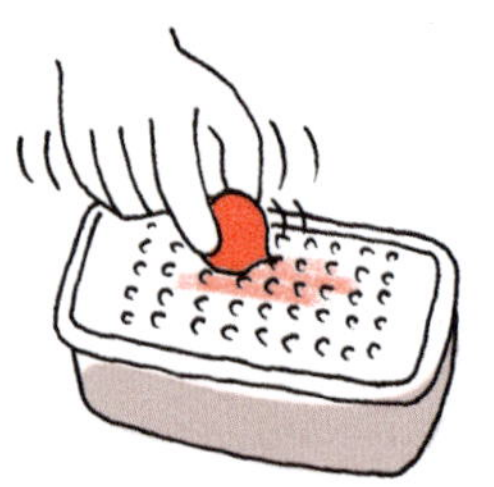

❷ 在擦好的水萝卜泥中加入一点水，就能得到漂亮的浅红色液体。

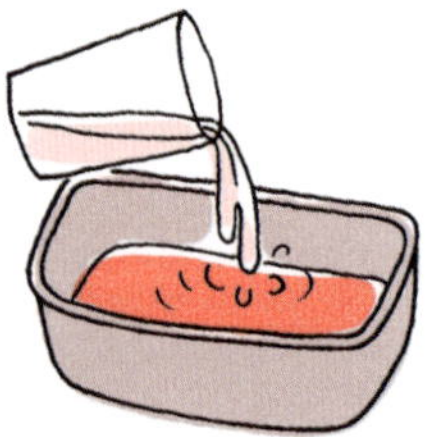

❸ 用笔蘸取❷中的红色颜料，自由画画吧。

Memo

水萝卜（十字花科）

*

水萝卜又被称为四季萝卜，因根茎部肥大并可以食用而闻名，属十字花科，是菜花的同类。菜花就是指菜的花。除了众所周知的油菜、芥菜之外，萝卜、芜菁、圆白菜、花椰菜的花都是“菜花”。

13 喝一杯鱼腥草茶 （参见植物图鉴 p.130）

烹一壶具有浓烈芳香的鱼腥草茶吧。

1 在鱼腥草叶片繁茂的5~6月间，将鱼腥草叶片从根部摘下来。

2 用水洗干净。

Memo

鱼腥草（三白草科）

*

鱼腥草自古以来是治疗痱子和胃病的药用植物。因具有浓郁的芳香，若装饰在房间里具有很好的除臭效果。

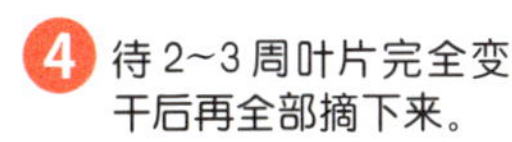

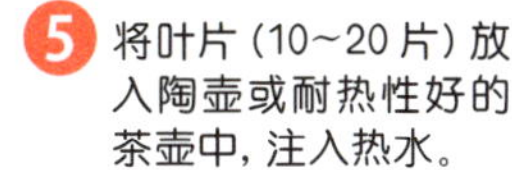

3 晾干水分，将三根鱼腥草结为一束，倒挂起来放于通风处。

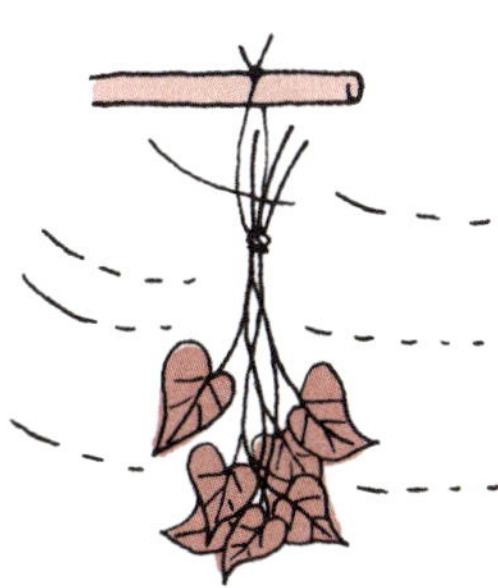

4 待2~3周叶片完全变干后再全部摘下来。

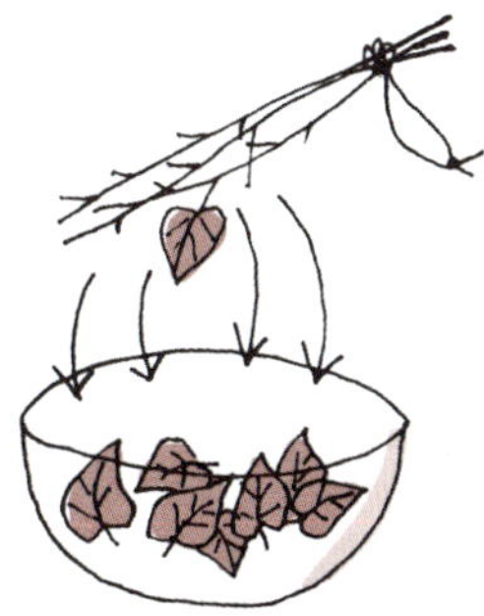

5 将叶片（10~20片）放入陶壶或耐热性好的茶壶中，注入热水。

注意！

铁质水壶会导致鱼腥草中所含的成分产生化学变化，不宜使用。

14 种植含羞草

（参见植物图鉴 p.131
卷末·全年栽培计划表）

这是一种神奇的植物。一碰叶子，叶片就会闭合起来。让我们充满期待地开始种植吧！

快来试一试！

需要准备的物品

含羞草的种子、8~10 号的花盆或较大的花槽、小石子或日向土、园土、网。

1 播种时间为 4 月下旬~5 月中旬。一个花盆里可播 3 粒种子。每两粒种子的间距为 5cm，种植深度为 0.5cm。用花槽种植时，间距改为 10cm，深度不变。每日浇一次水。约一周后即可发芽。

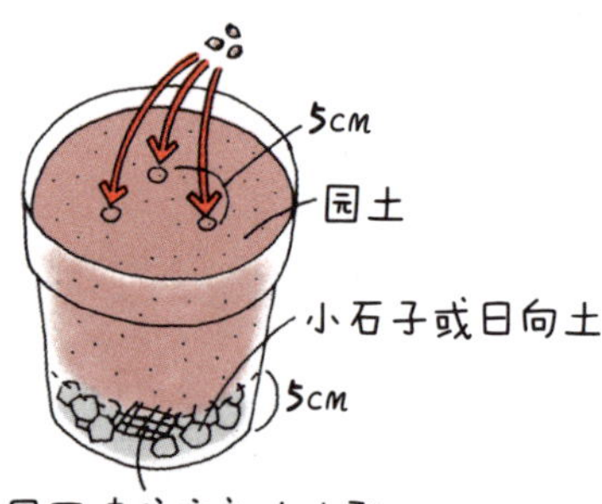

2 7~9 月可开出漂亮的粉色小花。

3 10 月左右，待种子变成茶色后即可收获，用于来年播种。

触摸叶片时，叶片会闭合起来。闭合的方式十分有趣，可让幼儿们仔细观察。

* 每天触摸的次数不宜超过 10 次。触摸过多会导致含羞草枯萎。

种植棉花

（参见植物图鉴 p.131
卷末·全年栽培计划表）

当孩子们看到棉花从果实中迸裂出来的样子时，一定会惊奇不已。

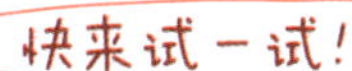

需要准备的物品

棉花的种子、8~10 号的花盆或较大的花槽、小石子或日向土、园土、网。

1. 播种时间为 4 月下旬~5 月中旬。每个花盆中播下 1 粒种子。播种深度为 1cm。用花槽种植时，间隔改为 15cm，深度不变。

2. 每日浇一次水，10~14 天后可发芽。

   ＊若不使用园土，可在发芽 3 周后每 2~3 周施一次肥。

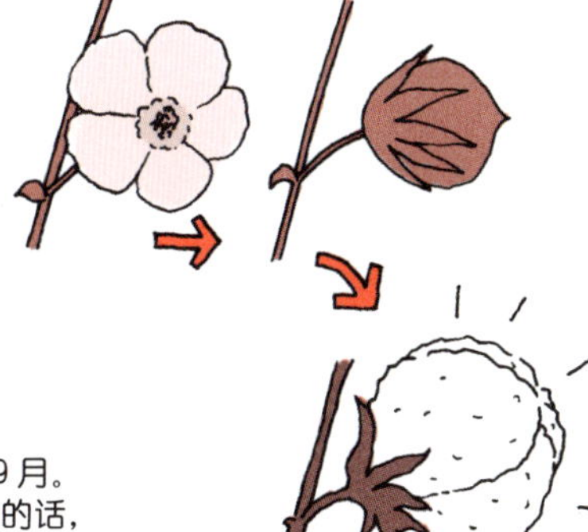

3. 开出的花朵与芙蓉花和木槿花相似。花期为 6~9 月。开花后结出棉花，棉花成熟后就会裂开。种植得当的话，每株可结 10 朵棉花，种子隐藏在其中。

快来试一试！

棉花娃娃

制作棉花娃娃，摸起来软绵绵的，真好玩。

制作棉花干花

棉花裂开后带枝摘下来，放在通风处倒挂风干。这样干花就做好了。

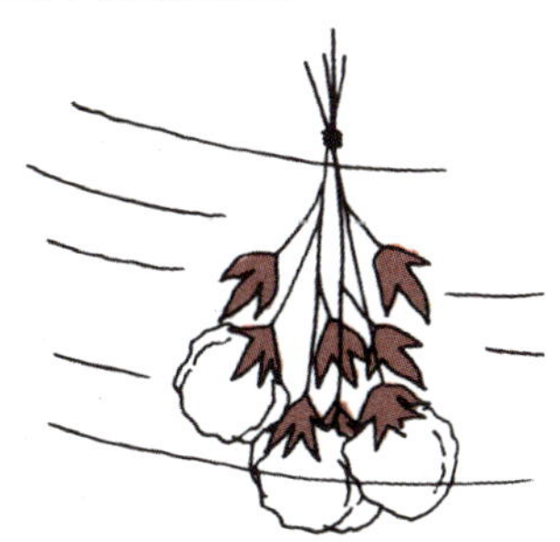

种植落花生

（参见植物图鉴 p.131
卷末·全年栽培计划表）

正如它的名字一样，落花生是“花落之后再结果”。让我们一起来种植吧。

快来试一试！

需要准备的物品

落花生的种子、较大的花槽、园土、小石子、小粒化肥。

Memo

花生米·落花生

*

剥开落花生的硬壳，就可以看到带有一层薄皮的花生米，那就是种子。

1. 播种时间为 4 月下旬~5 月上旬。先在花槽底部铺上一层小石子，在小石子上倒入园土后再播种。间隔为 15cm，深度约为 1.5cm。

15cm
15cm
园土
小石子约 2cm

2. 放置在向阳处。如果土壤变干，可浇一点水（注意不要将种子冲走）。

3. 约两周后发芽。请继续浇水并观察其生长情况。
长出 20~30 片真叶时，每株施肥 30 粒。之后可每月施肥一次。

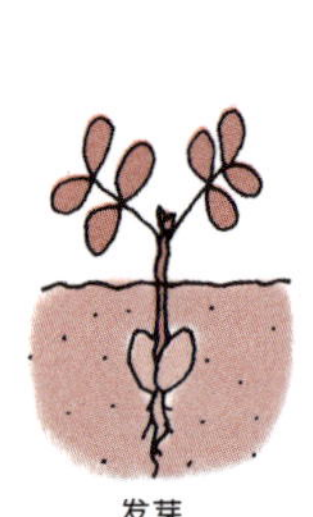

发芽

⇒

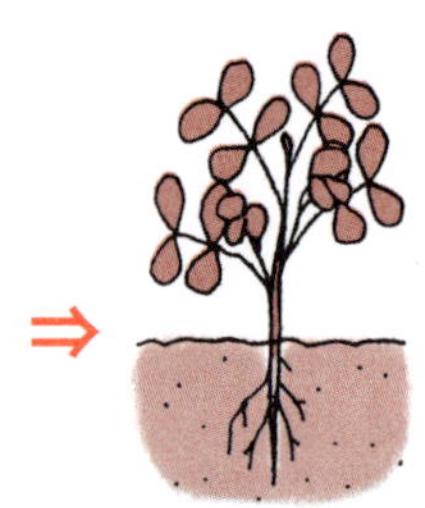

6 月中下旬~7 月前后开花。

⇒

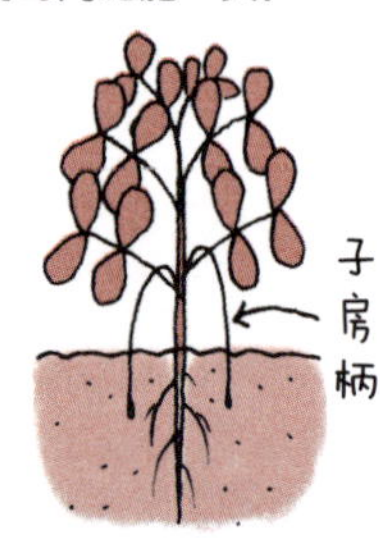

花朵授粉后，子房柄从花萼管处伸出；花朵枯萎后，子房柄下垂于地面。

⇒

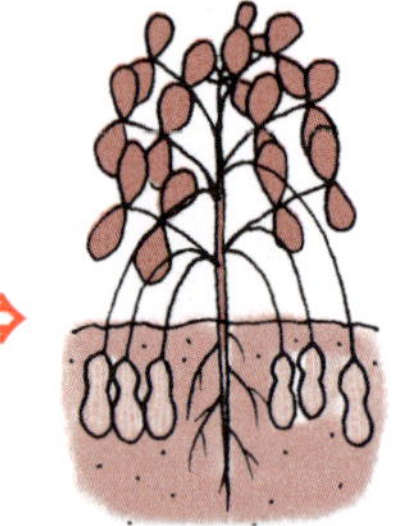

子房柄中的果针落土后逐渐膨大，荚果逐渐成熟。

4. 11 月前后收获。

注意！

不要让低龄幼儿将花生米放入口中。

17 种植黄瓜·西红柿 （卷末·全年栽培计划表）

黄瓜和西红柿都是春季播种、夏季收获的植物。

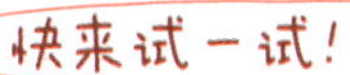

黄瓜和西红柿的种子、8~10 号花盆、园土、小石子、网、小粒化肥、竹子支架（70cm~80cm）、铁丝。

＊西红柿的种子非常小，事先要提醒孩子不要弄丢。

1 播种时间为5月中旬。

［黄瓜］

一个花盆播 3 粒种子。播种间隔为 1cm，深度约为 1cm。

［西红柿］

在花盆中央深约 1cm 处播种 3~5 粒。

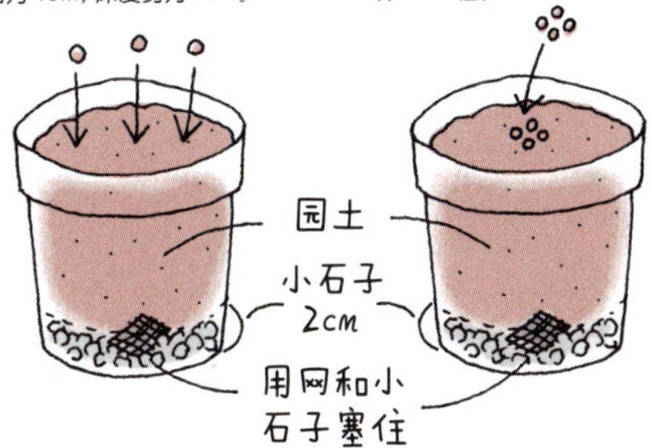

2 将花盆放置在向阳处，早晚浇水直至发芽。浇水时要注意，以免将种子冲走。

3 长出子叶子后，只留下最健壮的一株。早晚浇水。

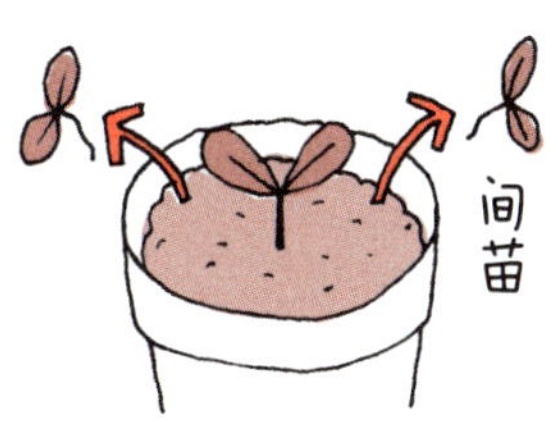

4 从 5 月下旬开始，每 2~3 周在根部施一次肥，每次 20 粒左右。

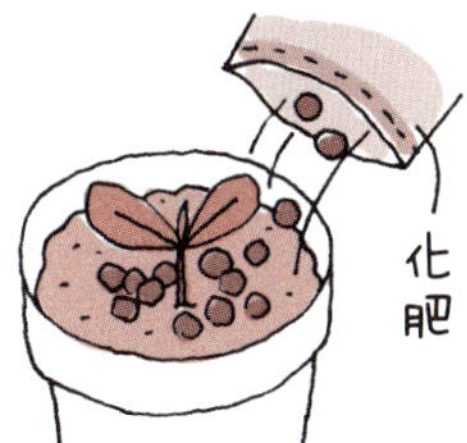

5 真叶长出来后，立起支架，用铁丝将小苗固定在支架上。早晚充分浇水，7~8 月可收获。

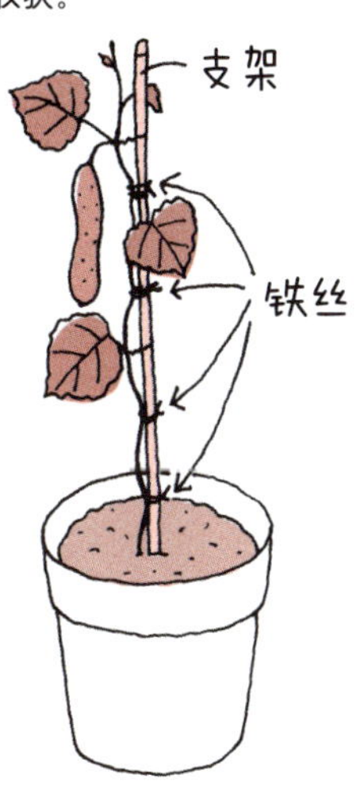

Memo

防虫能力强的西红柿

＊

西红柿的茎和叶子上长有密密麻麻的白色绒毛，可以分泌出虫子讨厌的气味。让孩子们轻轻摸一摸西红柿的白色绒毛，闻一闻西红柿的独特香味，同时告诉孩子“西红柿能够自我保护，不被虫子吃掉哦”。

18 种植红薯

（卷末·全年栽培计划表）

栽一株红薯苗并观察它有趣的成长过程吧。

快来试一试！

需要准备的物品

红薯苗（可从园艺店购入红薯苗、紫薯苗等自己喜欢的种类）、花槽、园土、小石子。

1. 5月中旬为最佳种植期。在花槽中放入小石子和园土。

2. 将红薯苗横向放置，并将茎部的一半植入土壤中（斜着种植），然后马上浇水（浇水时要慢慢地浇，不要把花土冲散）。

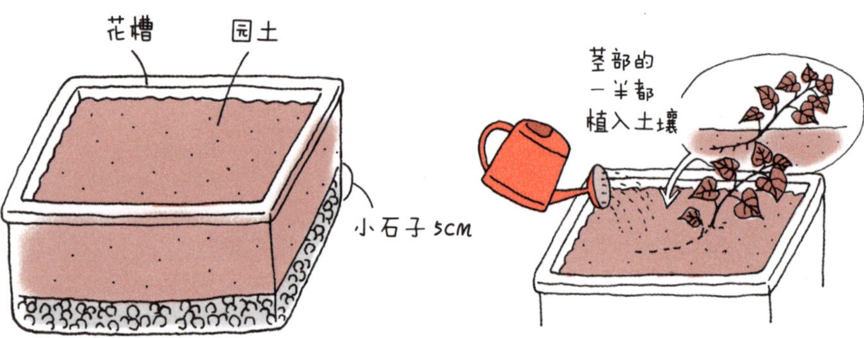

3. 放置在向阳处，每天浇水。约一周后红薯苗就会长出新的根部。

   ＊一开始长在苗上的叶子多会枯萎，但渐渐会长出新的叶子。

4. 收获期为9月下旬~10月。持续浇水，仔细观察红薯苗的生长情况，等待收获的日子吧。

19 水培芋头

用水培法栽培发芽的芋头。

快来试一试！

需要准备的物品

发芽的芋头（马铃薯、红薯、小芋头、山药、魔芋等）、观察用的玻璃槽或玻璃缸、小石子。

1. 在观察用的玻璃槽内铺上洗净的小石头，高度约为 3cm。
2. 将芋头放入❶内，倒入高于石头层 5cm 的水。
   * 水过多容易导致芋头腐烂，因此要控制好水量。
3. 将玻璃槽放在窗户边，每 2~3 天换一次水，仔细观察嫩芽的生长情况。

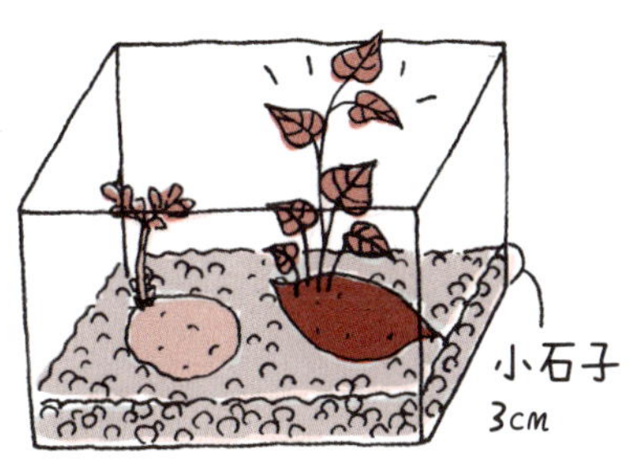

20 栽培水草（凤眼兰）（参见植物图鉴 p.131）

用水培法栽培凤眼兰很简单。放在窗边仔细观察，别有情趣。

快来试一试！

需要准备的物品

凤尾兰（可从园艺店、花鸟市场购买）、玻璃缸、小石子。

1. 在玻璃缸内铺上小石子，倒入大量的水，让凤眼兰浮在水中。
2. 置于日照好的地方，观察其生长情况。注意时常加水。

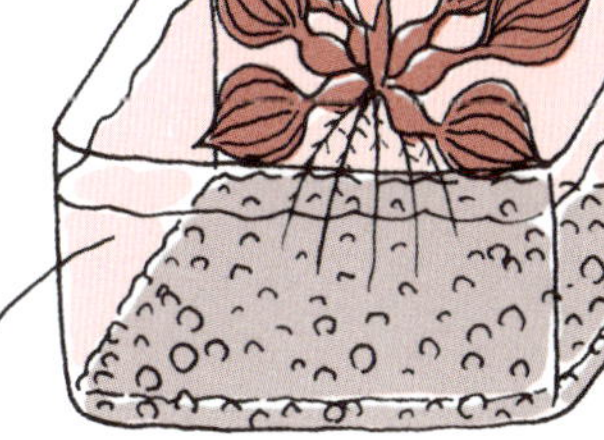

21 葫芦的种植·制作

（参见植物图鉴 p.131
卷末·全年栽培计划表）

培育葫芦的乐趣无穷，成熟后的葫芦还可用来做手工呢。

快来试一试！

需要准备的物品

小葫芦的种子（可从园艺店购买）、8~10 号花盆、园土、小石子、网或者大石子、小粒化肥、竹子支架。

1. 播种期为 4 月下旬～6 月上旬。每个花盆中可播两粒种子。深度约为 2cm。

2. 置于向阳处，每天浇水。长出真叶后，保留较健壮的一株，其他拔掉。

3. 长出2～3片真叶后，每2～3周施一次肥。立起支架，将葫芦藤缠绕在支架上，再将葫芦藤的尖部缠绕在篱笆上。

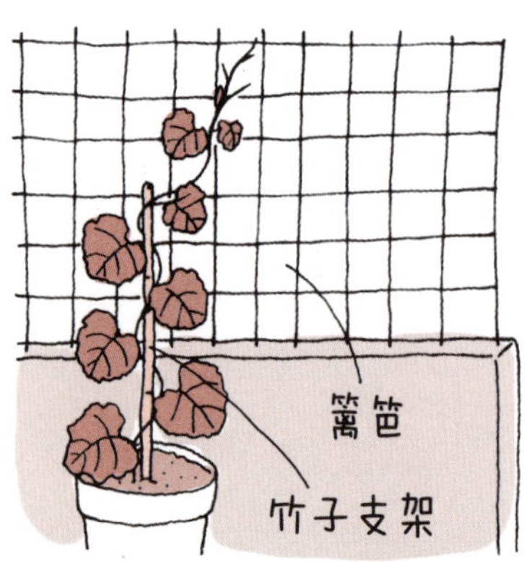

4. 8～10 月前后，果实变硬即可收获。用锯子将葫芦的上部分锯下来。

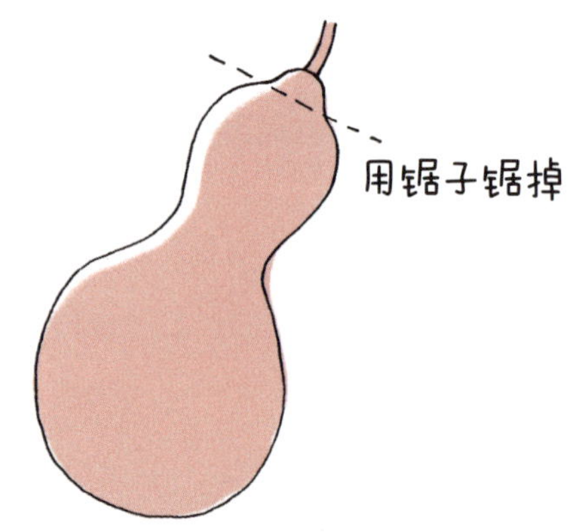

5 将方便筷从❹的口中插入，然后将葫芦放入水中。几天后，葫芦里面就会腐烂。每 2~3 天需将葫芦内外清洗一遍，然后重新放入干净的水中。

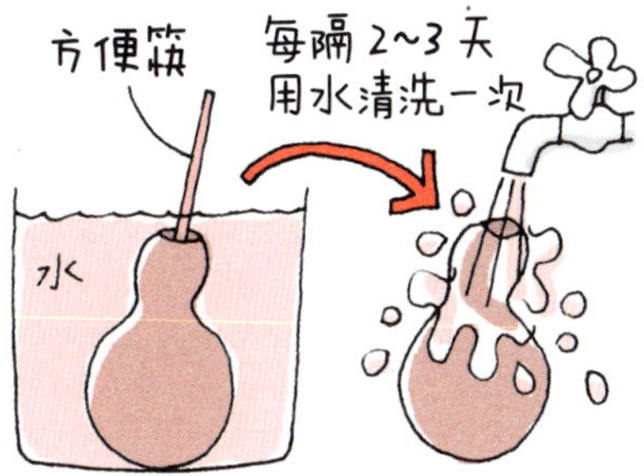

6 将步骤❺持续 3 周后，将葫芦倒过来晾干。干燥后即可用于手工制作。

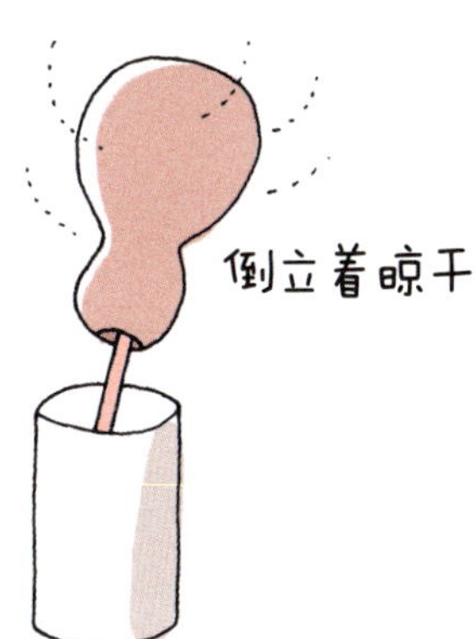

试着做一做！

响葫芦

用木工粘合剂将毛毡碎片粘贴于葫芦的表面，并画上图案。然后往葫芦中放入豆子，用树枝或酒瓶塞当塞子。

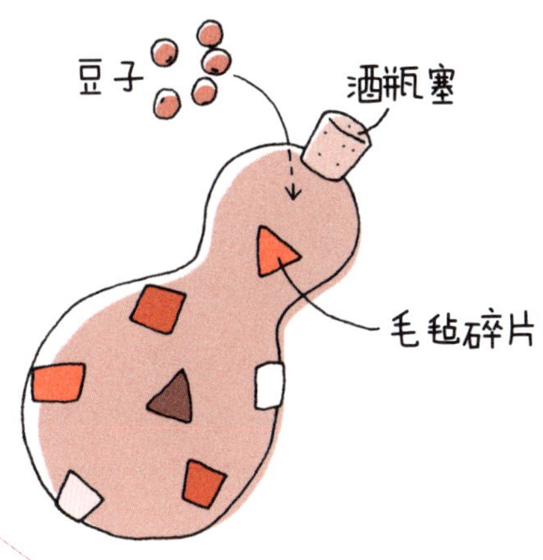

娃娃

将毛线、毛毡、纸粘土等用木工粘合剂粘贴在葫芦上，自由创作。也可用油性笔画上眼睛和嘴巴。

22 丝瓜的种植（卷末·全年栽培计划表）

一起来体验栽培丝瓜、收获丝瓜的快乐吧。

快来试一试！

需要准备的物品

丝瓜的种子（可从园艺店购买）、8~10号花盆、园土、小石子、网或者大石子、小粒化肥、竹子支架。

1 播种时间为4月下旬～6月上旬。每个花盆中播两粒种子。深度约为2cm。置于向阳处，每天浇水。

2 长出真叶后，留下叶片最茂盛的植株。长出2~3片真叶后，每2~3周施一次肥，每次20粒。

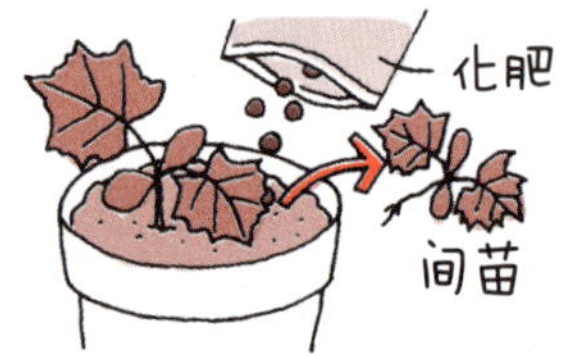

3 立起支架，让丝瓜藤缠绕上去，使丝瓜藤的尖部缠绕在篱笆上。8月前后，剪切茎部，获取丝瓜水（参照下文内容）。

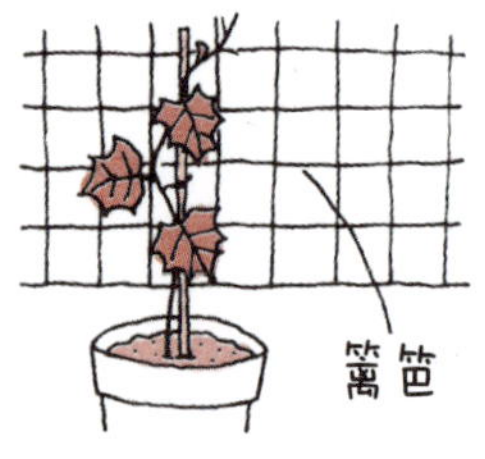

4 8~9月前后，丝瓜会生长到30cm~50cm，变硬后即可收获。

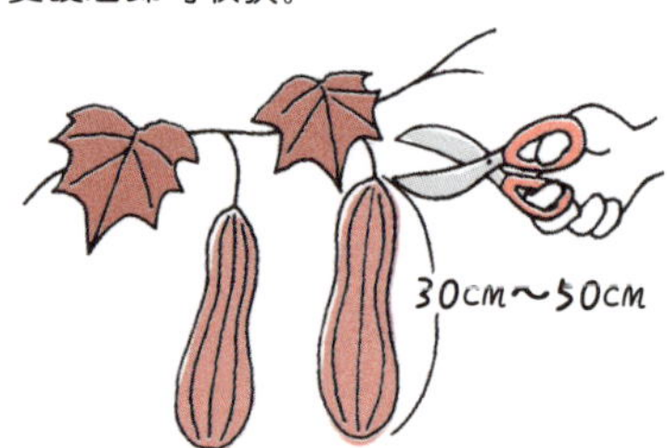

试着做一做！

丝瓜水

剪开一段距离地面1m高的丝瓜藤，将茎部插到瓶子里（瓶口要塞紧）。几个小时后就能得到一杯丝瓜水，可以涂在手脚上。

丝瓜瓤洁具

将收获的老丝瓜放入水中，每隔2~3天揉掉一些表皮，即可露出里面尚未腐烂的纤维。剪切合适的长度，可当洁具使用。

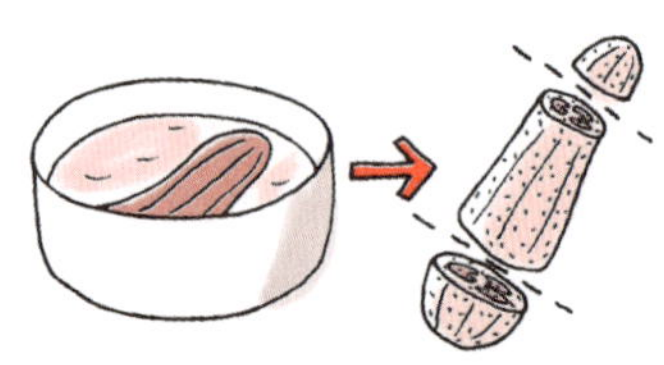

芙蓉麻的种植·纸的制作

（参见植物图鉴 p.131 卷末·全年栽培计划表）

春 SPRING

芙蓉麻的茎是造纸原料，让我们来栽种芙蓉麻、制作纸张吧。

快来试一试！

需要准备的物品

芙蓉麻的种子（可从园艺店购买）、方形盘、面巾纸、10 号以上的花盆、园土、小石子、网或者大石子。

1. 播种期为 5 月前后。在方形盘中铺上面巾纸，将几粒种子放进去，倒入水。水面要刚好没过种子。

2. 在花盆中放入小石子、园土。❶的种子发芽后，在花盆正中挖一个 3cm~5cm 的坑，将发芽的种子放进去。

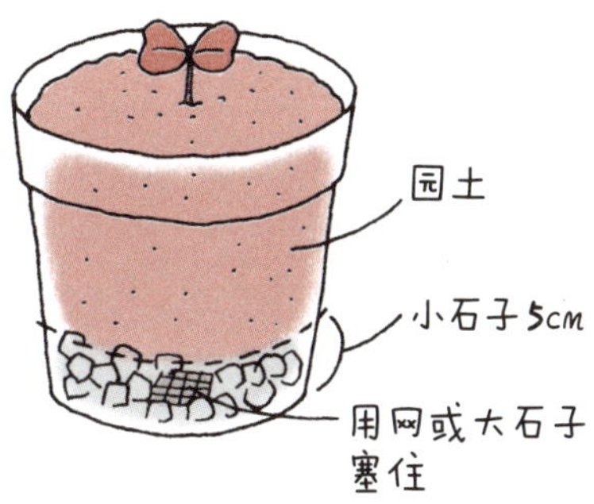

3. 观察芙蓉麻的生长情况。芙蓉麻的叶子在生长过程中会改变形状，非常有趣。另外，芙蓉麻开出的花朵与棉花的花相似。

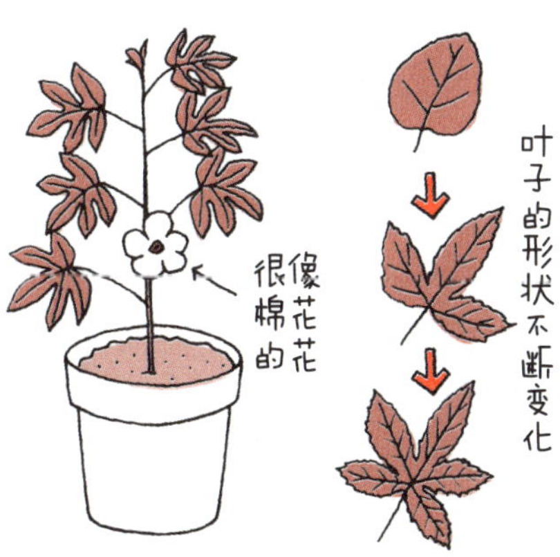

4. 开花过后会结果。每个果实中会有 3~5 粒种子。9 月末即可收割，将果实齐根剪下。

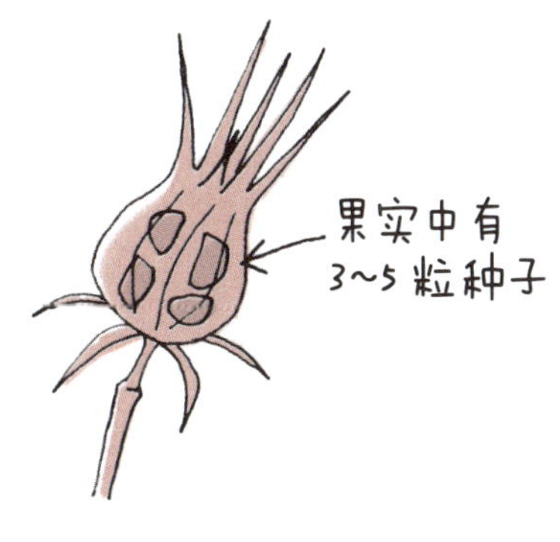

试着做一做！

纸

[准备]制作纸浆 ＊由老师操作。

需要准备的物品

芙蓉麻的茎、小苏打、剪刀、锤子、搅拌机、锅、网眼较小的金属笊篱。

1 剪下一段20cm长的茎，剥下3mm~5mm厚的外皮。

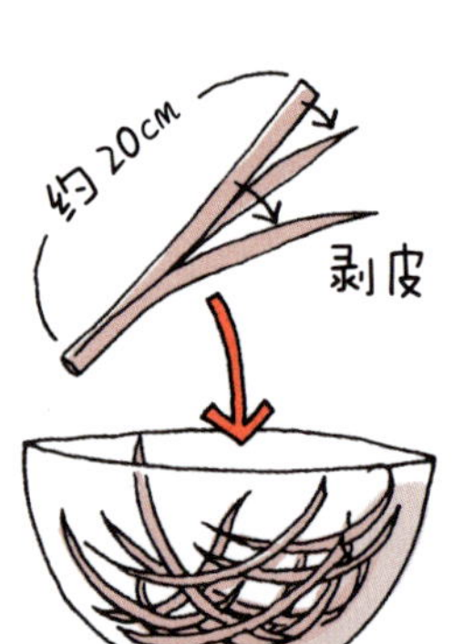

2 将❶放入锅中，加满水后煮开。约30分钟后，将煮好的茎倒入金属笊篱中，用冷水冲洗。

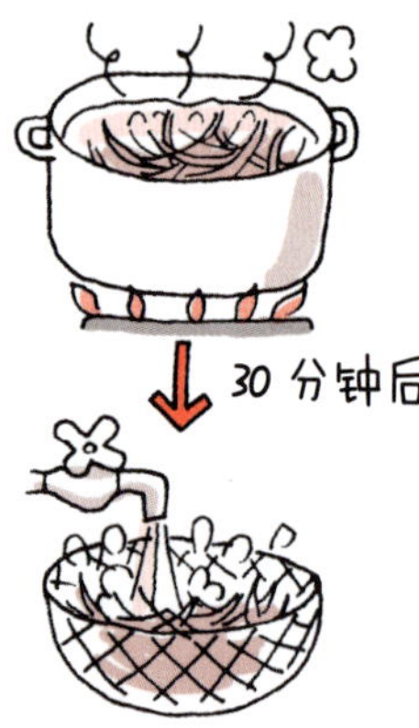

3 将❷用剪刀剪成2cm长的小段，放入搅拌机搅拌1~2分钟后倒入金属笊篱中，用冷水冲洗。

4 再将❸放入锅中，加入水。加入的是碱水（水250ml＋小苏打50g），煮2~3小时（中途要不断加水以防烧干）。

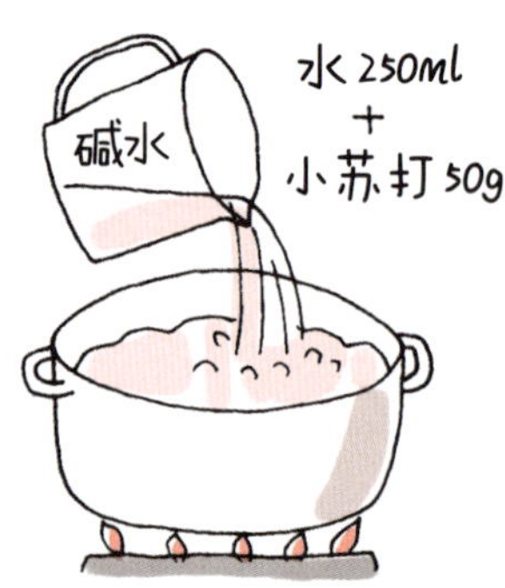

5 再次倒入金属笊篱中，用冷水冲洗后倒出来用锤子敲打使之变软。再倒入搅拌机中搅拌，就能得到细腻的纸浆。

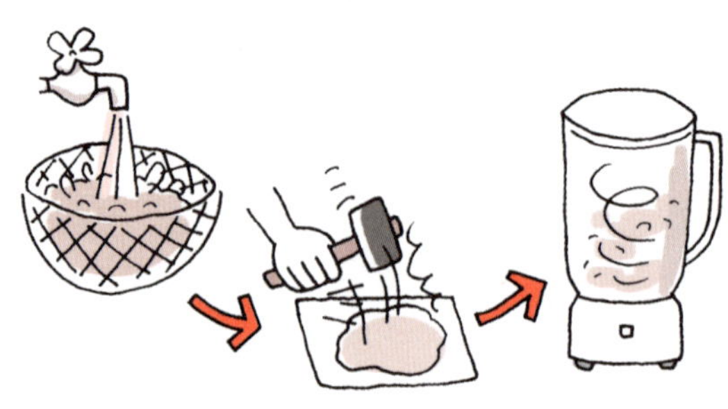

抄纸（约 5 张明信片）

需要准备的物品

已做好的纸浆、方形槽、搅拌机、浆衣剂、抄纸用木框（可在建材超市、绘画材料店购买）、金属网、比木框稍大的胶合板、吸水用的布。

1. 将 500ml 水、15g 纸浆、1 小勺浆衣剂放入搅拌机中搅拌 1 分钟。

2. 在❶中加入水，制作 1L~1.2L 纸浆液。

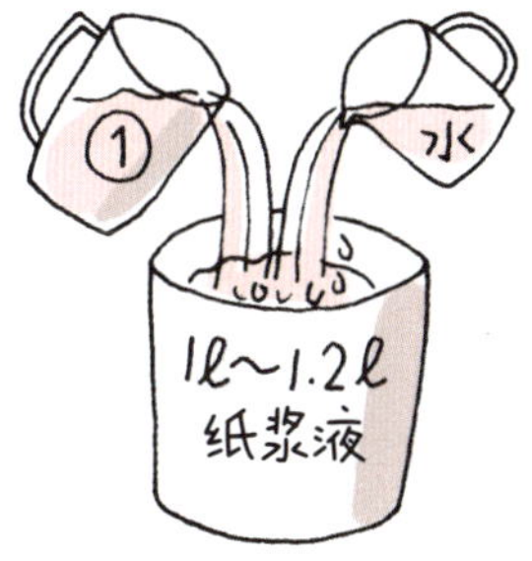

3. 将金属网夹入木框中，放入方形槽里，倒入高于金属网约 5mm 的水，将纸浆液慢慢倒入木框中。

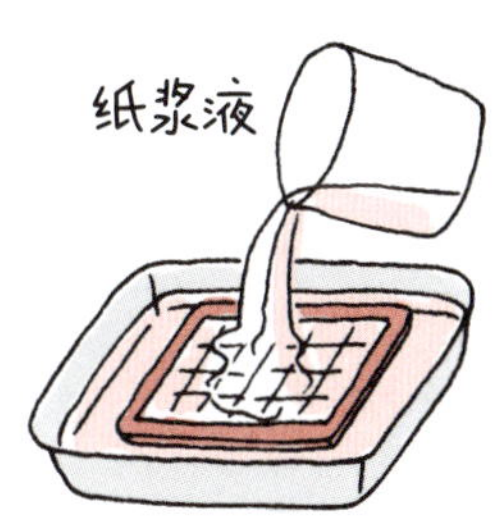

4. 轻轻摇动木框以防止纸浆液凝固，使纸浆液的厚度保持均匀。将木框提起后，一张纸就抄好了。

5. 将木框整个放在吸水布上晾干。

6. 纸张逐渐变干后，将纸从木框和金属网上迅速移到吸水布上，并用胶合板压平。

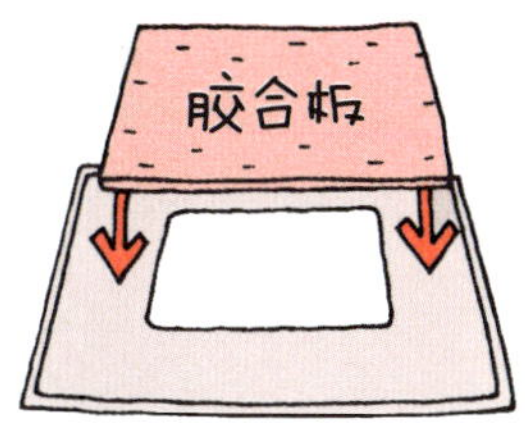

7. 纸完全变干后就做好了。可以在上面写字、画画或者粘贴。

24 稻子的种植

(卷末·全年栽培计划表)

栽下一株稻秧，仔细观察其生长过程，到了秋天就可以收获稻米啦！

快来试一试！

需要准备的物品

稻苗（可从园艺店购买）、花槽、园土、稻用肥料、瓶子、木棍。

Memo

稻子和“稻妻”

*

在日本，自古以来流传着“夏天打雷越响，稻子长得越好”的说法。因此，日本人将雷称为稻子的妻子，即“稻妻”。其实，这种说法是有科学根据的，因为稻子的生长需要一种氮元素，而雷电使氮元素在大气中得到电离化，然后随着雨水落到稻田。

1. 种植期一般在5月。在花槽中放入土壤，土壤层的厚度为花槽高度的一半以上。然后放入水，水要漫过土壤表面约5cm。

2. 10根稻苗为一束，以20cm间距来种植。

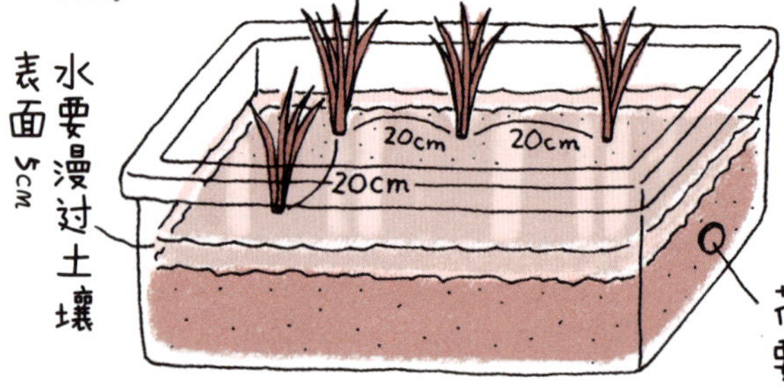

3. 定期施肥，持续观察。
   * 当稻穗长出来后会有鸟儿来啄食，所以需要罩上网。也可用塑料瓶制作一个小稻草人插上去。
   * 杂草会抢夺稻子的营养，因此要好好除草。此外，要及时浇水。

4. 稻子的种类不同，收割期也有所差异。等稻穗变成土黄色后就可以收割了。将稻穗一条条摘下来放入瓶中，然后用结实的木棍臼掉稻壳。

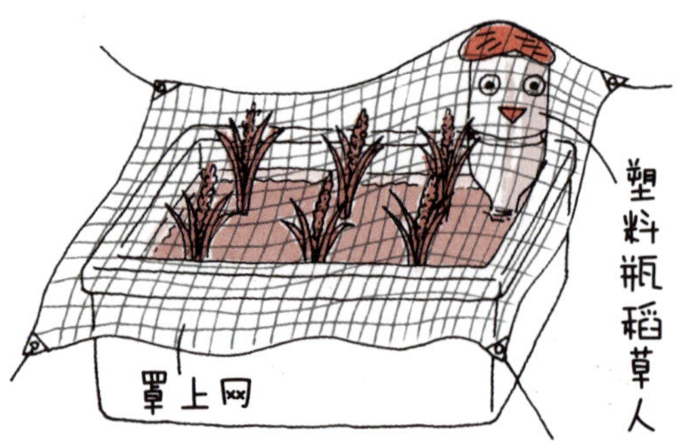

25 饲养团子虫

我们一起来饲养孩子们都特别喜欢的团子虫吧。

快来试一试!

需要准备的物品

饲养用玻璃槽、土壤、饲料（树叶或蔬菜末）、喷壶。

在饲养团子虫的玻璃槽中放入土壤、落叶、鲜叶和蔬菜末等。每隔几天用喷壶将土壤湿润一次。

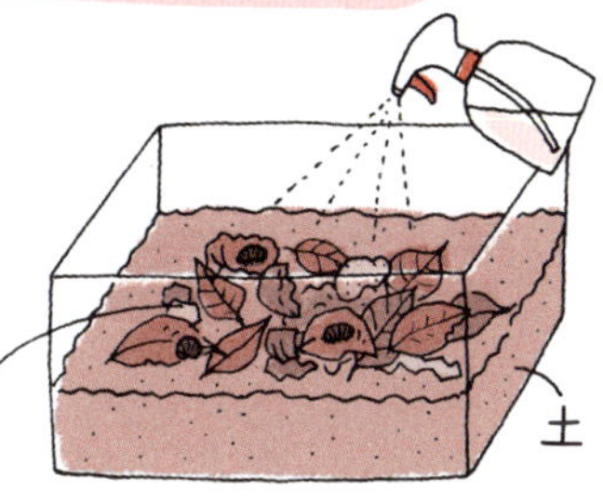

Memo

团子虫和平甲虫

*

团子虫又称鼠妇，和平甲虫同属于节足动物。用手触摸团子虫时，它会卷成一团，但平甲虫却不会。与孩子们一起找一些团子虫和平甲虫比较一下吧!

26 饲养独角仙幼虫

我们一起来饲养虫王独角仙的幼虫吧。

快来试一试!

需要准备的物品

饲养用玻璃槽、腐叶土、麻栎和枹栎的叶子、喷壶。

在独角仙夏末产卵后，将其产过卵的土壤好好保存。等到来年春天，卵变成幼虫的时候，我们就一起来饲养它。

1. 4月前后，将幼虫放入腐叶土中。将春天飘落的麻栎和枹栎的树叶放在腐叶土上面，每天用喷壶浇水。久而久之，这些落叶也会变成腐叶土。
2. 幼虫不断吸收腐叶土的营养，6月前后会变成虫蛹，7月开始变成虫，也就是独角仙。

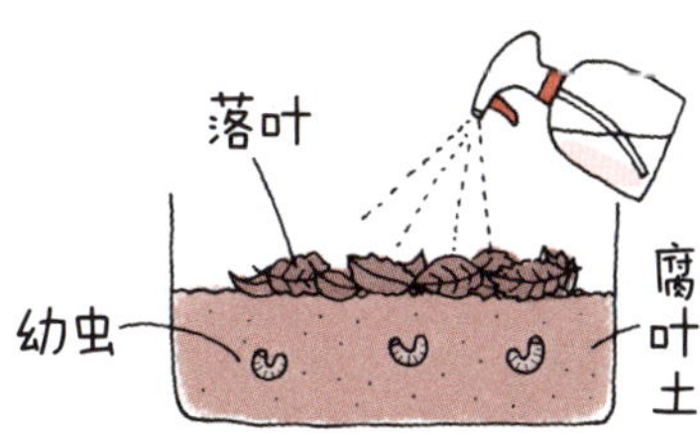

适合在春天阅读的绘本·图鉴

《春天什么时候来?》 文·图:(英)沃尔特 译:舒杭丽 接力出版社

小熊奥菲系列图书之一。"春天什么时候来呢?"熊妈妈告诉奥菲:"当花儿盛开、阳光照耀、鸟儿在枝头歌唱的时候,春天就来了。"

《春天在哪里》 文:葛翠琳 图:章雪 中国少年儿童出版社

中国著名儿童文学作家经典名篇,国家出版基金资助项目。讲述小公鸡寻找春天的故事。语言如诗歌般优美,画面柔美淡雅。

《遇见春天》 文:(日)原京子 图:(日)秦好史郎 译:蒲蒲兰 21世纪出版社

和小熊兄弟一起探索大自然的奥秘、感受春天的惊喜和美丽吧!一本可以带给幼儿无限乐趣的季节绘本。

《最让孩子喜欢的科学童话:春天的故事》

文:庞国涛 图:晓柯等 中国宇航出版社

春姑娘来了,你听到她的脚步了吗?春姑娘对溪水、小草、花苞悄悄说话。快听听,春姑娘经过你身边时跟你说了什么悄悄话?

《来吧,我们一起发现春天》

文·图:(德)敏特·柯尼西 译:荆妮 广西美术出版社

春回大地,自然风光好,迎着太阳花开早。莫看花园小,工作最辛劳,候鸟归来忙筑巢。尤莉娅和卢卡斯携手来把春天找。

《小牛的春天》 文·图:(日)五味太郎 译:(日)猿渡静子 南海出版社

五味太郎创意绘本代表作,意大利博洛尼亚国际儿童书展插画奖获奖作品。一头小牛的成长串起气象万千的四季,带来了充满智慧的隽永诗篇和对生命的别样感悟。

《走向春天的下午》 文·图:几米 现代出版社

几米创作巅峰期带给读者无限感动的又一力作。在一个春天的下午,小女孩带着对朋友的回忆去履行和朋友之间的约定。画面感人,主题充满温暖和希望。

《一棵特别的树》

文·图:美国迪士尼公司 编译:童趣出版有限公司 人民邮电出版社

小熊维尼亲近自然绘本故事系列之一。树木带给我们食物,让我们填饱肚子;带给我们阴凉,让我们休息;甚至还为我们提供了一个看风景的好地方。既然它们这么关照我们,那么当它们需要帮助的时候,我们也应该悉心照料它们。

*请在各大书店咨询上述介绍的绘本·图鉴。

生机勃勃、绿意盎然的夏天来啦！
让我们接受太阳公公的邀请，去户外做游戏，
一起感受大自然的力量吧！

p.44 无患子泡泡游戏

p.52 树叶印染画

p.37 白三叶游戏

27 夜来香的种植·游戏

（参见植物图鉴 p.132、卷末·全年栽培计划表）

种植夜来香，用花朵和种子做游戏。

快来试一试！

需要准备的物品

夜来香的种子（可从园艺店购买）、8~10 号花盆或者较大的花槽、小石子或日向土、园土、网。

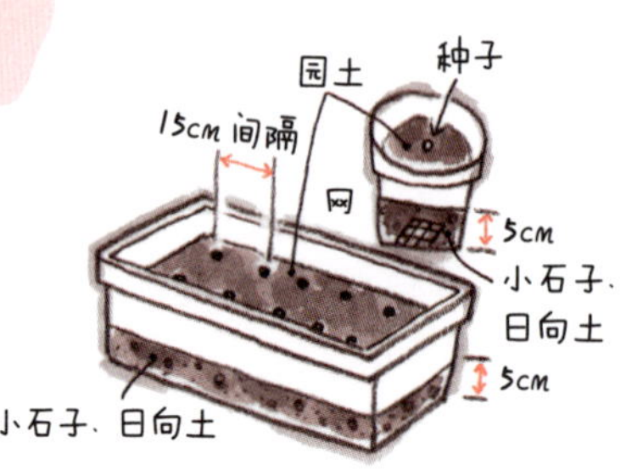

1. 播种时间为 4 月下旬～6 月上旬。每个花盆中播一粒种子，深度约为 1cm。用花槽栽培时，深度相同，种子间隔为 15cm。

2. 每天浇一次水。浇水时要慢慢地浇，以免种子被冲走。约 10 天即发芽。

3. 7～11 月，会开出红、白、黄、紫各种颜色的花朵。有时同一株也会开出不同颜色的花朵。一般从下午 3 点开始开花，到次日凌晨枯萎。

4. 开花后会结出黑色的种子。

水彩游戏

1. 将红色和紫色的花放入杯子中捣烂，加入少量的水，即可得到漂亮的彩色水。

2. 彩色水可用来玩过家家游戏或者画画。

降落伞

1 轻轻拉开子房部分，雌蕊就会挂在花朵上，看起来像一个降落伞。

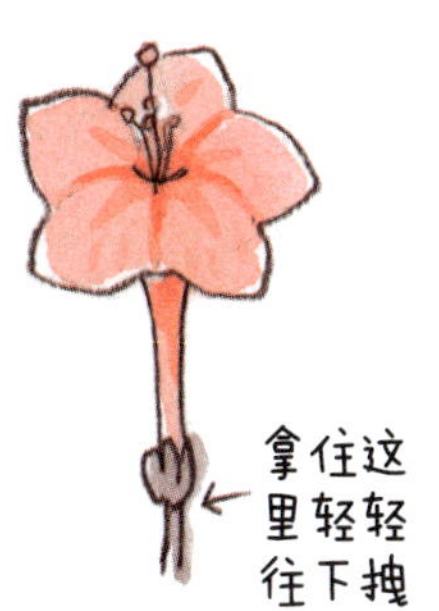

2 从高处放手让夜来香落下来，观察其坠落的过程。

制作胭脂

1 剥掉因成熟而变黑的种子的皮。种子变干后，皮难以剥下，因此摘下后就马上剥皮。

2 将种子里的白色部分放入容器中捣烂。

3 捣成粉末状后，就可以涂在手上玩啦。

注意！

种子有微毒，因此千万不要放入口中。

28 用黄瓜藤汁吹泡泡

用葫芦科植物茎中的汁液，玩吹泡泡游戏。

快来试一试！

1. 用剪刀剪断葫芦科植物（黄瓜或南瓜等）的茎，用吸管的一端蘸取流出来的汁液。
2. 轻轻吹吸管另一端，可以吹出许多泡泡。

29 从向日葵茎中取“海绵”

向日葵的茎部有一种像海绵一样的物体，可以取出来做游戏。

快来试一试！

1. 将成熟的向日葵的茎部竖着分成两半。
2. 茎内组织像海绵一样软软的，用手摸一摸，感受一下。取出来可以在过家家游戏及手工制作中使用。

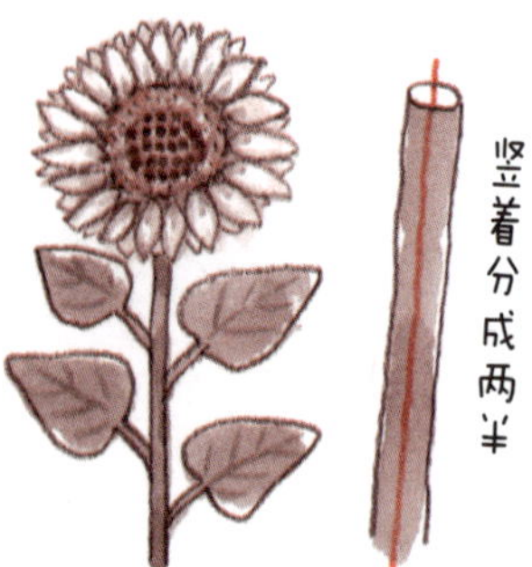

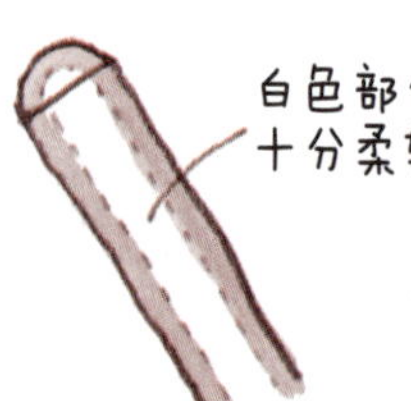

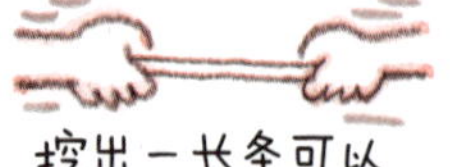

30 白三叶游戏 （参见植物图鉴 p.132）

采摘白三叶的花朵，制作各种首饰吧。

制作首饰

将白三叶的茎部如图交互穿插在一起。连成一定长度后就可当作头饰或项链啦。

抛接球游戏

1. 摘下50~60根白三叶草，将花束分成两份，用风筝线将茎部系在一起。
2. 做好后就可以玩抛接球游戏啦！注意要轻抛轻接，不要弄坏花朵。
3. 还可以用花朵和树叶制成脸谱。

31 用木槿花·芙蓉花制作彩色啫喱水

（参见植物图鉴 p.132
卷末·指导方案）

用木槿花和芙蓉花制作粘稠的彩色啫喱水。

快来试一试！

1 收集一些凋谢了的木槿花和芙蓉花。

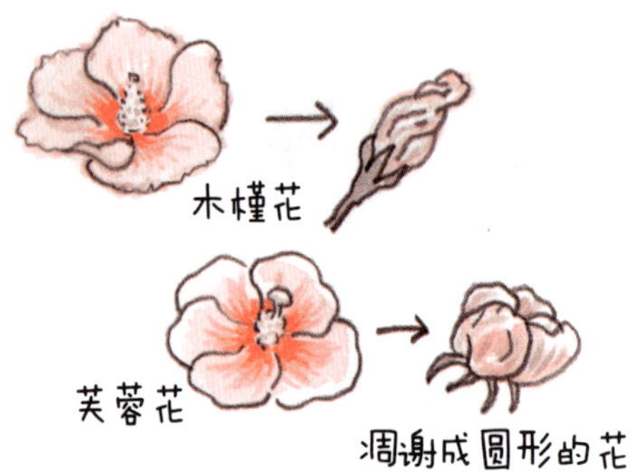

2 将收集到的花朵放入容器中（木槿花为4~5朵，芙蓉花为2朵），加入少量的水，用方便筷捣碎。

3 得到的液体接近透明，基本看不出花朵的颜色。粘粘的触感十分有意思，可以用来玩过家家游戏。

32 神奇的鸭拓草

（参见植物图鉴 p.132
卷末·指导方案）

用鸭拓草的花朵制成彩色水，一起来画画吧。

快来试一试！

1 采摘鸭拓草，将花朵放入容器中，加入少量的水后用方便筷捣碎。

＊花朵要多一点才会有颜色。

2 用毛笔蘸彩色水，在图画纸上画画吧。

3 画好后将图画纸放在阳光下。不可思议的事情发生了，画竟然不见了！放在水里，画也不见了！真是太神奇了，大家快来试一试吧。

33 百合花粉画

用百合花的花粉做颜料，一起来画画吧。

快来试一试！

❶ 将带有花粉的百合花蕊摘下来，放到容器中，加入少量的水。

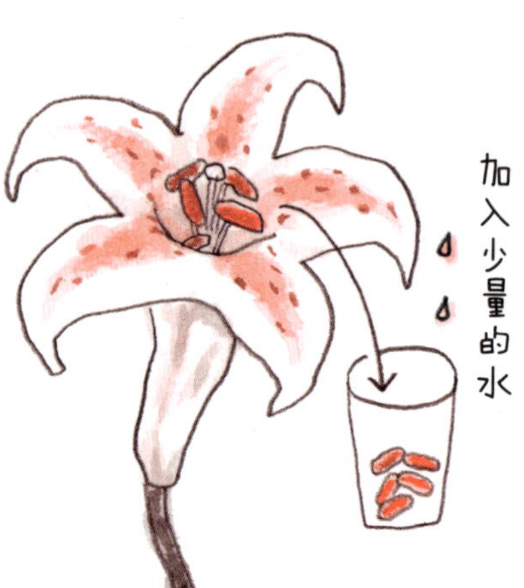

❷ 用毛笔蘸取❶的花粉，在白色的纸或布上画画吧。

Memo

花粉

*

通过花粉授粉，植物才能结出种子繁衍后代。授粉的方式因不同植物而千差万别。如百合花，通过花蜜和香味吸引昆虫，并依靠昆虫将雄蕊的花粉传播到雌蕊的方式进行授粉的叫做虫媒花。如玉米雄花、雌花分开，通过风来输送花粉的则称为风媒花。如夜来香，采用雄蕊和雌蕊互动授粉的，则叫做自花授粉。

34 竹叶游戏

夏天竹叶长得非常茂盛，可以用它们来玩一些传统游戏。

夏 SUMMER

快来试一试！

竹叶糖

1 摘取竹叶时将叶柄留得稍长一些，如图折叠成三角形。

2 然后将叶柄插入三角形中，竹叶糖就做好了。可以多做一些，用来玩过家家游戏或者当作装饰物。

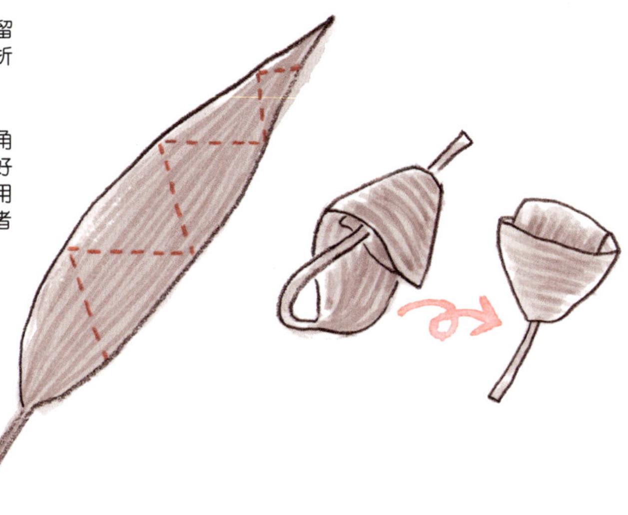

竹叶舟

1 将竹叶的两头向中间折叠，并将两端划出两道口子，如图插入并组合。

2 竹叶舟可以浮在水面，吹口气就能促使它向前走。和小伙伴比赛，看谁的竹叶舟跑得快。

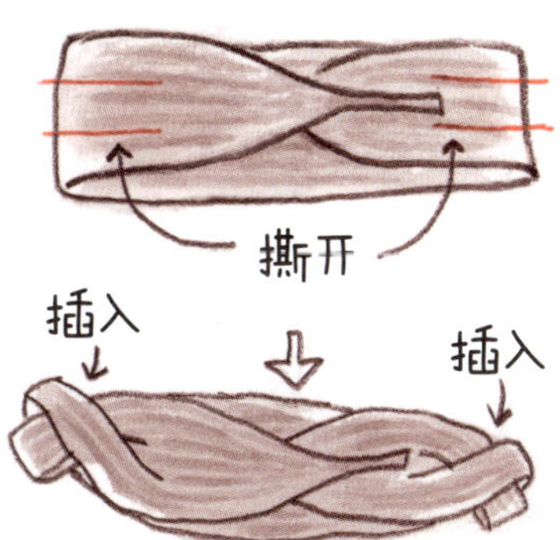

35 狗尾巴草游戏

（参见植物图鉴 p.132）

狗尾巴草的玩法多种多样，非常有趣哦。

快来试一试！

毛毛虫

1 剪掉穗子部分。

2 将穗子拿在手中，轻轻地一握一张，穗子就会像毛毛虫一样扭动起来。

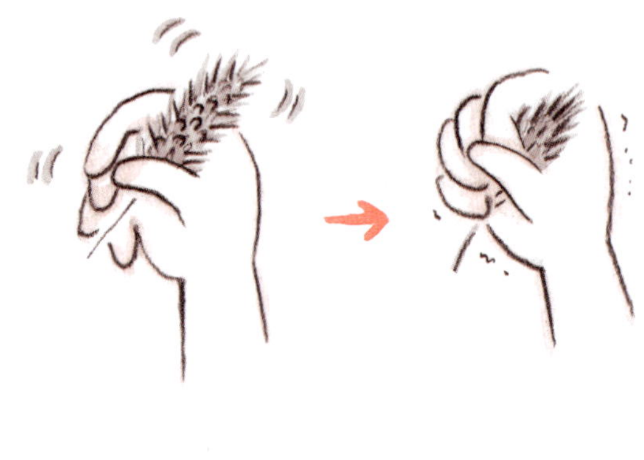

相扑

1 将穗子的上半部分剪掉。

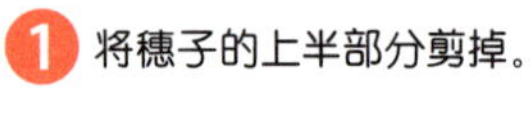

2 用纸盒箱当相扑场地，将剪成一半的穗子倒立放置。用手轻轻敲打盒子来对战。

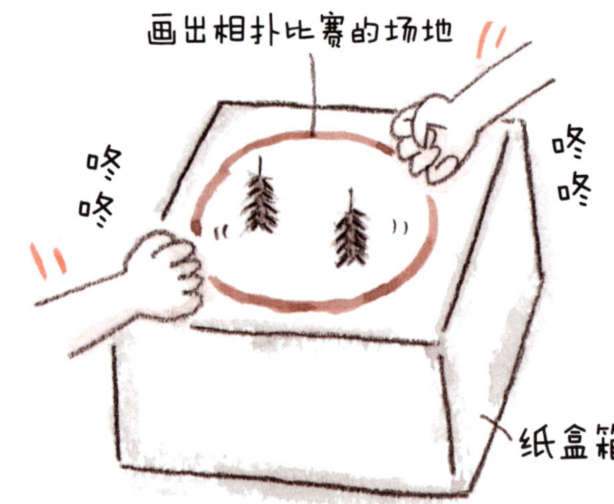

36 葛藤叶炮

（参见植物图鉴 p.132）

“嘭！”葛藤叶炮的声音如此响亮啊！

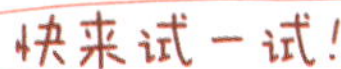

快来试一试！

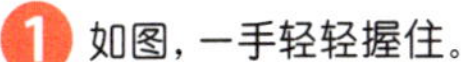

1 如图，一手轻轻握住。

2 在握着的手背上放一片葛藤叶，另一只手迅速地往叶片上拍去。叶片破裂，发出“嘭”的巨响。

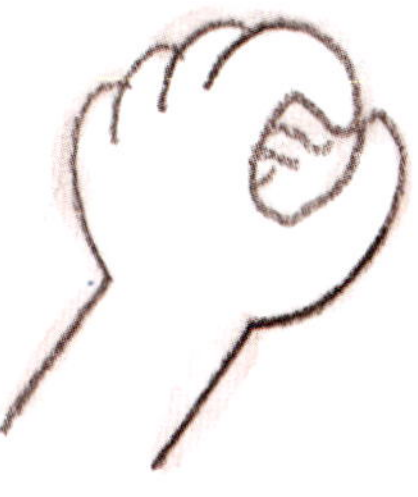

Memo

葛藤（豆科）

*

葛藤是秋天七草之一。其埋藏在地下的根茎能制成葛粉，成为多种食品的原材料。根茎部称为葛根，作为中药“葛根汤”的原材料而广为人知。

37 用山牛蒡的种子作画

（参见植物图鉴 p.132）

山牛蒡小小的种子可以用来画画哦。

快来试一试！

1 取出果实中小小的黑色种子，洗净后晾干。

2 在纸、木板或瓦楞纸上用木工粘合剂画画，再将种子撒在上面。去掉多余的种子，种子画就画好了。

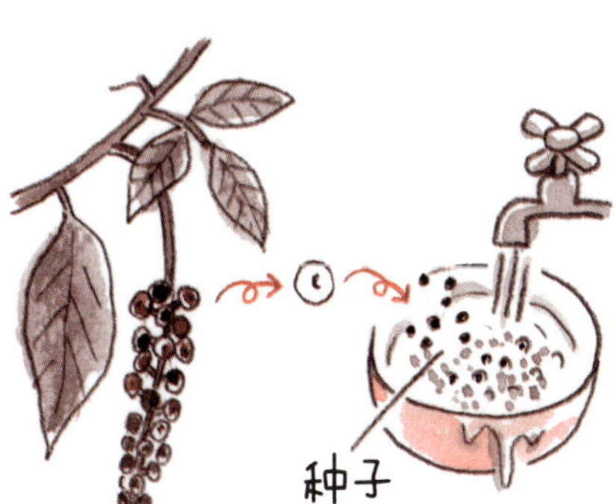

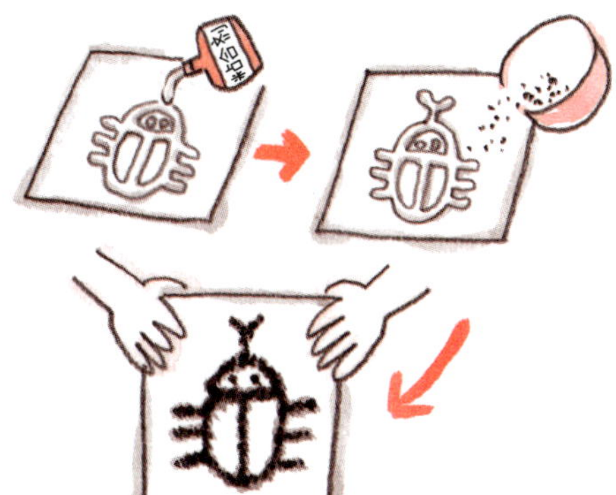

38 无患子泡泡游戏 （参见植物图鉴 p.133）

无患子果实的外皮不仅可以用来制作羽毛毽子，还可以用来制作泡泡。

快来试一试！

1 收集 20~30 个落下来的无患子果实，将皮放入水桶中。

2 用水管猛烈地向❶冲水，就会有大量的泡泡从水桶中冒出来。可以在手或腿上涂着玩，还可以吹泡泡。

Memo

无患子洗发水

＊

古时候没有洗发水，人们就用无患子的泡泡洗头发。特别是白头发被这种泡泡一洗，就会变成漂亮的银发。快快将这个小秘密告诉小朋友吧。

＊果实中的黑色种子可以做成弹珠，还可以用来创作粘贴画。

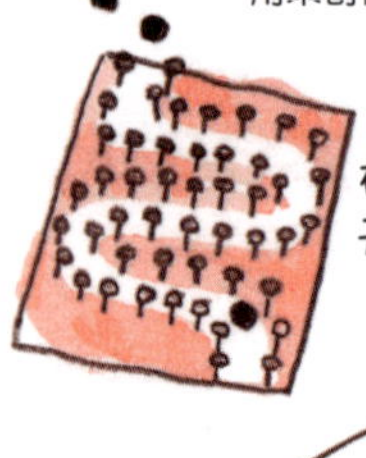

在木板上钉钉子并用无患子做成的迷宫

与树叶组合成的粘贴画

注意！

无患子的果实有微毒，因此千万不要放入口中。

39 会变色的绣球花

看到绣球花变换颜色，孩子们一定会很惊喜。

快来试一试！

将绣球花分别插入兑了醋（酸性）和加了灰（碱性）的水中，仔细观察颜色的变化。

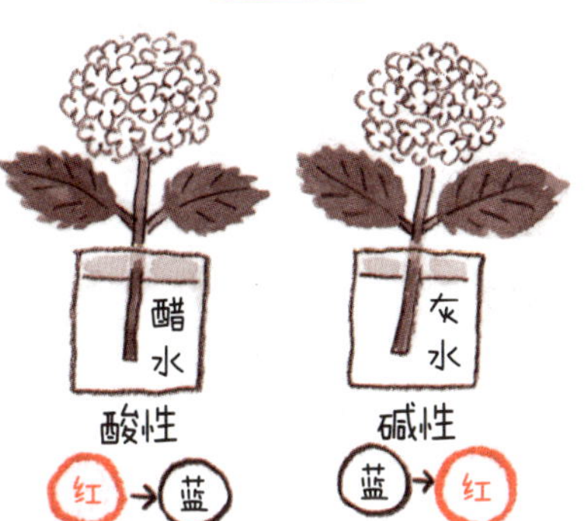

Memo

花朵的颜色

*

这种颜色的变化在大自然中同样存在。如果土壤为酸性，开出的绣球花就是蓝色；如果土壤为碱性，开出的绣球花就是红色。

40 用钢笔水为花朵着色

将白色的花朵插入不同颜色的钢笔水中，花朵就会染上漂亮的颜色。

快来试一试！

需要准备的物品

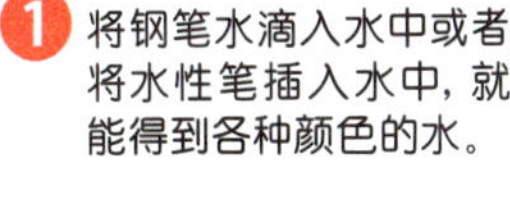

白色花朵（玫瑰、康乃馨、丝石竹、千日红、雏菊等）、钢笔水或水性笔等。

1 将钢笔水滴入水中或者将水性笔插入水中，就能得到各种颜色的水。

2 用水剪法剪切花朵（参照 p.15）后插入彩色水中。如果彩色水的浓度偏低，花朵就不能够顺利吸收水分，因此需要一边观察吸收状况一边调整彩色水的浓度。

将花茎竖着分成两半，分别插入不同颜色的水中，花朵就能染上两种不同的颜色。

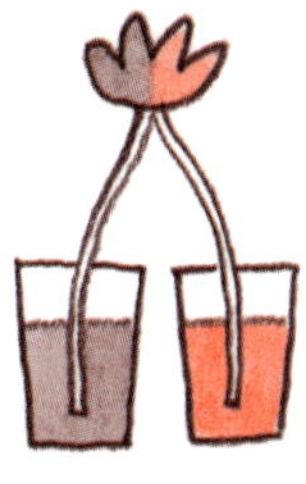

将染了色的花朵倒着悬挂风干，约 2~3 周后干花就做好了。

41 用牵牛花·向日葵的种子做游戏

取出牵牛花和向日葵的种子来做游戏。

快来试一试！

取出牵牛花的种子

子房变成茶色后剥掉外皮，里面黑色的种子就会露出来。牵牛花的种子形状各异，因此可以多收集一些，寻找里面形状相似的来玩。

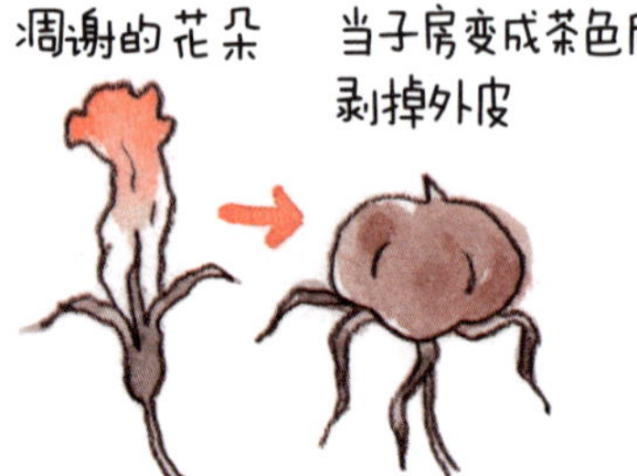

Memo

牵牛花（旋花科）

*

属于短日照植物，白天开始变短时就会进入花期。花期为7~9月。花朵开过一次后就不会再开。花朵凋谢 20 天后，子房膨胀，结出种子。

注意！

误食牵牛花的种子会导致腹泻，因此不要放入口中。

取出向日葵的种子

夏末，向日葵花朵正中央的管状花会结出种子。比较大的花盘大约可以结出1000~2000粒种子。大家一起摘取种子来做游戏吧。

Memo

向日葵（菊科）

*

向日葵属于一年生草本植物，种植简单，方便观察，是非常受欢迎的夏季植物。近年来，向日葵的种类不断增多，有花盘较小的，也有重瓣的。种子既可以食用，也可以用来榨葵花籽油。

快来试一试！

胸牌

1 将空的糕点盒剪成自己喜欢的形状。

2 将布绸带穿过安全别针后，用透明胶带固定在❶上。

3 在没有印刷的背面，用粘合剂将种子粘上去，做成脸的模样。

快来试一试！

奖牌

1 将纸粘土做出曲奇薄饼的形状，在曲别针上涂抹粘合剂后插在纸粘土上。

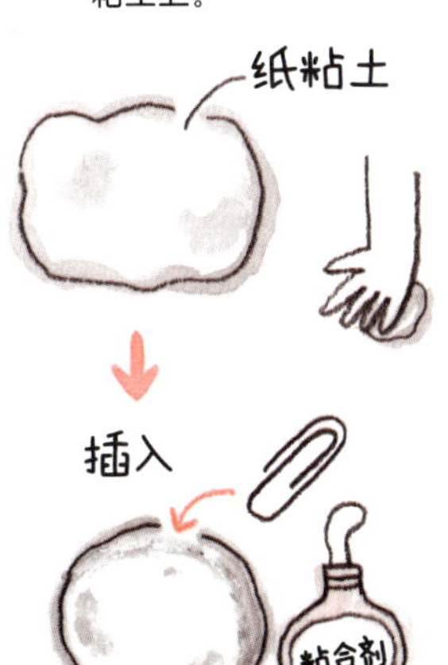

2 用粘合剂将种子粘贴上去，组合出不同的图案。

3 将毛线穿过曲别针，奖牌就做好了。

＊毛线不要打结，可用胶带固定起来。

42 制作竹扫帚

利用枯萎的竹子或细竹制作迷你竹扫帚。

快来试一试!

需要准备的物品

枯萎的竹子或细竹、透明胶带、麻绳。

1 将枯萎的竹子或细竹连同竹叶一起放入水中，浸泡一天。

2 第二天，叶子就会完全落下来。此时将竹枝剪下来，分成粗竹枝和细竹枝。

3 用透明胶带将细竹枝固定在粗竹枝的一端。

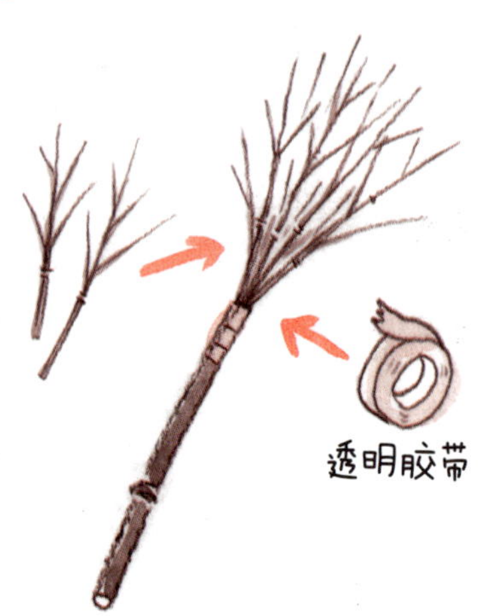

4 最后在透明胶带上缠绕麻绳，直到看不见透明胶带为止。

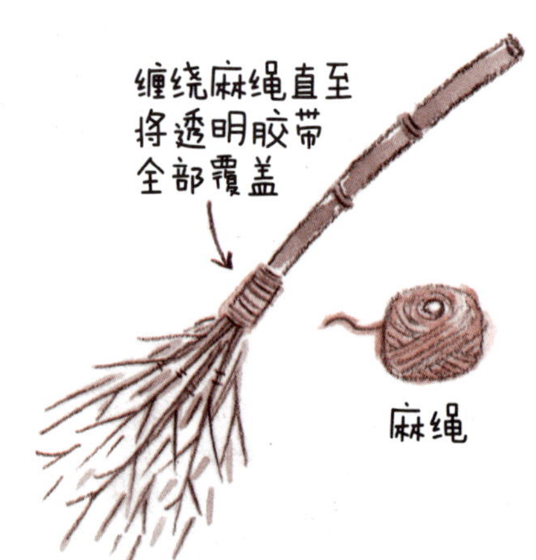

43 制作木贼磨甲刀

（参见植物图鉴 p.133）

利用木贼凹凸不平的茎部制作磨甲刀吧。

夏 SUMMER

快来试一试！

1 将木贼茎部的任意一处纵向切开。

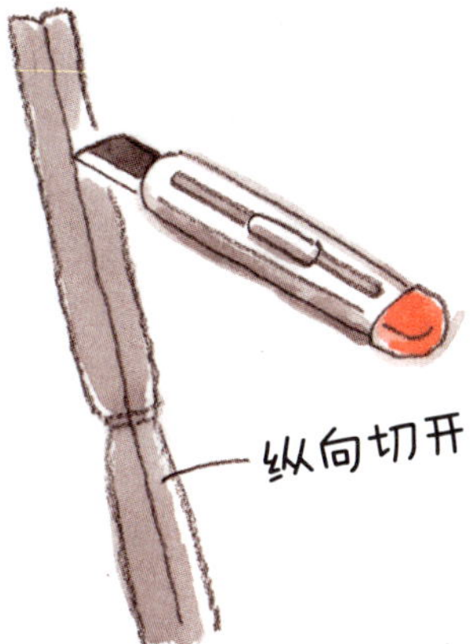

2 从❶的切口处将茎部展开后放在木板上，两端用夹子固定起来，晾晒一周使其干燥。

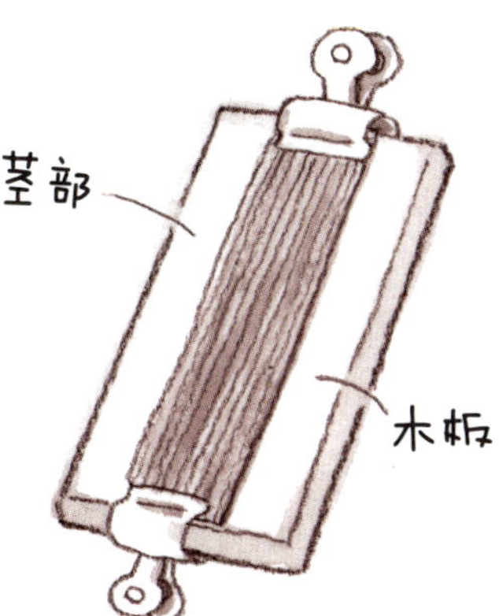

Memo

可当作锉刀的植物

＊

木贼在潮湿的土壤中生长，被广泛种植于日式庭院的水池边。以前，人们用它打磨家具。除木贼外，糙叶树的叶子表面也很粗糙，可以直接当作磨甲刀使用。古时候的人们还会使用糙叶树打磨日本刀。

3 ❷干燥后便可用木工粘合剂将其粘贴在木板上。将指甲对准茎部，与纹路相对垂直运动，就可以磨指甲了。

树叶面具

利用夏季茂盛的树叶制作面具吧。

快来试一试！

在庭院或公园散步的途中寻找叶片较大的树叶，用指甲划开一道口子或用手指在树叶上戳洞，这样就能做出树叶面具了。同时，触摸叶片或闻一闻叶片的香味也很有趣。

＊常见的叶片较大的植物有枇杷、葛藤、梧桐、泡桐、八角金盆、鹅掌楸（百合树）、日本厚朴树、芋头等。

树叶印章

把树叶当作印章，可以印出多种多样的形状，十分有趣。

快来试一试！

1 收集各种形状的树叶，然后选择自己喜欢的树叶按在印台上，让印泥沾满叶片。

2 将纸放在❶的树叶上，用手按压。

46 树叶拓印画

用各种不同的绘画材料制作树叶拓印画吧。

快来试一试!

收集各种不同形状的树叶，选择喜欢的树叶放在纸上。

用粉蜡笔或蜡笔

将纸放在树叶上，用手按住纸张防止其滑动。用蜡笔在纸上轻轻擦画，树叶的形状就会逐渐显现出来。

用粉笔或炭精笔

将纸放在树叶上，用砂纸将粉笔或炭精笔磨成粉末，将粉末撒在纸上，用手掌轻轻摩擦即可。

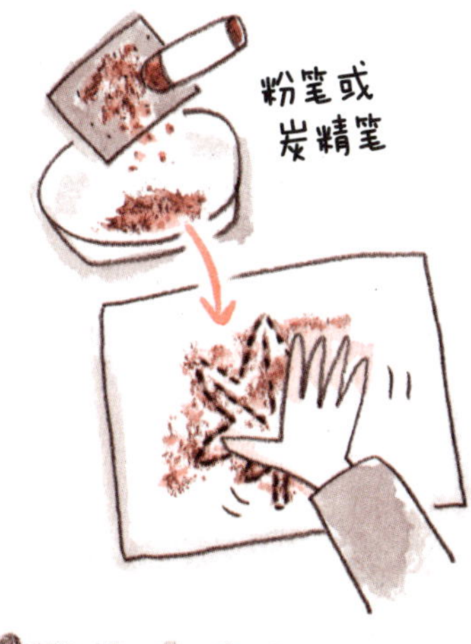

47 树叶印染画

收集各种树叶来创作印染画吧。

快来试一试！

需要准备的物品

各种颜色和形状的树叶、厚度为 5cm~10cm 的木板、木槌、边长约 30cm 的棉布。

既能留下颜色又能散发香味的树叶较为理想。推荐颜色鲜艳且香味浓郁的鱼腥草、叶片虽小但容易出色的白三叶，以及夏天也是红色的槭树叶等。

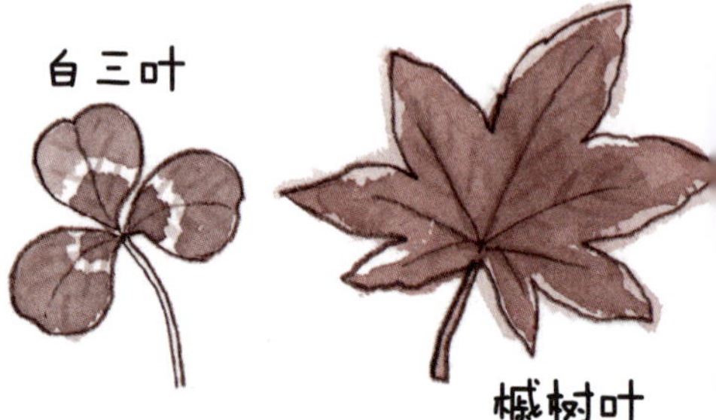

1. 将棉布折叠成三角形或四角形，把树叶夹在中间。

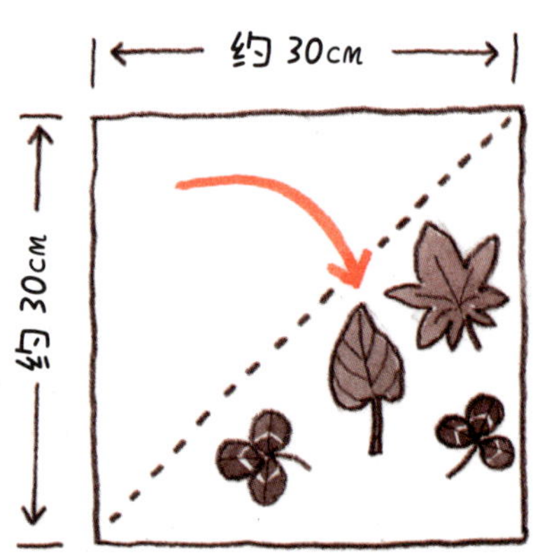

2. 将棉布放在木板上，用木槌轻轻捶打，树叶的形状就会慢慢显现出来。

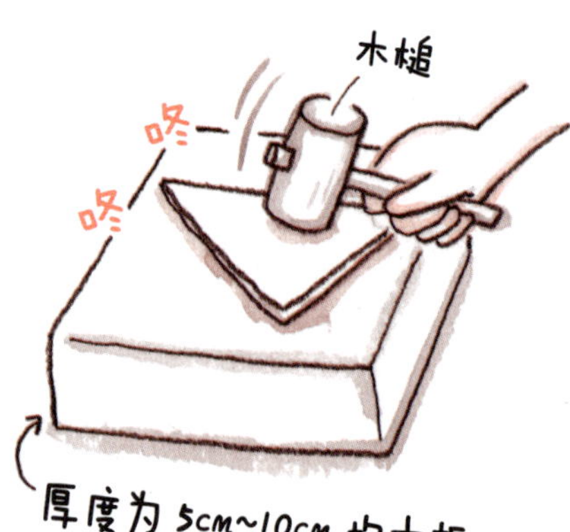

48 制作艾蒿染色剂

使用生活中常见的艾蒿叶制成植物染色剂。

快来试一试！

[准备]制作媒染剂 ＊一般来说，可使用以明矾或苏打制成的人工媒染剂。

需要准备的物品

山茶、茶梅、杨桐等含铝元素较多的绿叶、直径约 20cm~30cm 的空铁罐、铁桶、擦碗布。

1. 将山茶和茶梅的树叶连枝放入空铁罐中燃烧。
2. 将❶的灰放入铁桶中，加入数倍的水后搅拌均匀。
3. 取❷上层澄清的液体部分，用擦碗布过滤后媒染剂就做好了。

艾蒿染色剂 ＊草本植物基本上都能用来染色。

需要准备的物品

艾蒿叶、不锈钢或搪瓷材质的锅、水、布、橡皮圈或线、媒染剂。

1. 收集大量柔软的艾蒿叶，放入锅中，加水煮 30 分钟。
2. 将布的几处用橡皮圈或线扎起来，放入❶中再煮 30 分钟。
3. 将用❷煮过的布用力拧干，放置于做好的媒染剂中 30 分钟，注意要时常搅拌。
4. 取下橡皮圈或线，用水将布洗净后放在通风处晾干即可。

49 植物水漏

使用夏季的花草制作水漏吧!

快来试一试!

需要准备的物品

花瓣或叶片、2L 的塑料瓶两个（最好形状相同）、塑料胶带、布胶带。

1 去掉塑料瓶上的标签，在一个塑料瓶中注满八分水。

2 将花瓣和叶片撕碎后放入装水的瓶子内。

＊花瓣和叶片过大或者过多容易引起堵塞，因此要看情况适当增减。

3 将两个塑料瓶的瓶口对齐后用塑料胶带缠绕 20 圈左右，使其固定。在塑料胶带的外层再缠绕 5 圈布胶带。

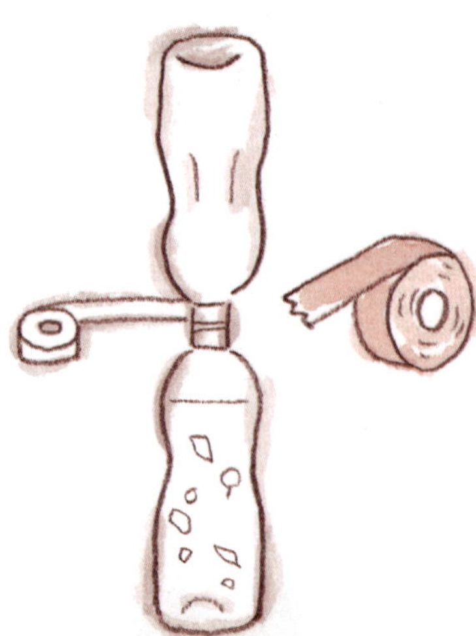

4 将瓶子倒立过来，观察花瓣和树叶落下的样子吧。

50 制作柿子叶茶

制作富含维生素 C、对身体有益的柿子叶茶。

夏 SUMMER

快来试一试！

1 多摘一些 6 月的嫩柿子叶，将每片叶子洗净。

Memo
柿叶的能量
*
柿叶中富含的维生素C和单宁酸具有抗菌作用，有助于食物的保存。在物流不发达的古代，人们为了防止新鲜鱼类腐坏，就用柿叶包裹好后送往朝廷。这就是柿叶寿司的起源。

2 将洗净的柿叶放入平底锅中炒干，注意用筷子搅拌防止其变焦。

3 将干燥的柿叶碾碎，煎茶饮用。

51 养蚱蜢

蚱蜢要在与捕捉地相同的环境下饲养。

快来试一试！

需要准备的物品

带有盖子的饲养槽（尽可能大一些）、蚱蜢捕捉地的土壤和杂草、喷壶。

1. 在饲养槽中放入蚱蜢捕捉地的土壤和杂草，然后将蚱蜢放进去。

2. 根据土壤的湿度用喷壶给杂草和土壤喷水。一定要用同一场地的土壤和杂草替换。

3. 蚱蜢种类不同，外形也会不同。可多捉几只蚱蜢，比较它们的头部。

* 观察一周后，要将蚱蜢放回自然环境中，这样可延长蚱蜢的生命。

Memo

蚱蜢的食物

*

蚱蜢喜欢以芒草、狗尾草、小麦等乔木科植物为食。不可思议的是，其一天的食量竟然是其体重的两倍。饲养蚱蜢时，一定要注意饲料的量。另外，当乔木科植物不够时，可将苹果切碎代替。

52 呼虫引伴

用虫子们喜欢的东西，将它们吸引到院子里来吧。

快来试一试！

食肉的虫子（食蜗步甲、斑蝥等）

1. 将香肠和鸡胸肉放入瓶子里，然后将瓶子埋入土中，注意不要让土进到瓶子里。
2. 第二天，食蜗步甲、斑蝥等就会爬入瓶子里。

吸食树液的虫子（独角仙、鹿角甲虫、铜花金龟子等）

将200g红糖、200cc烧酒、两大勺醋混合后涂在树干上。

剥掉香蕉的皮，在香蕉上反复涂抹烧酒，用纱布包起来悬挂在树上。

＊注意不要让孩子们食用。

适合在夏天阅读的绘本·图鉴

《迪士尼班尼兔故事纸板书·夏天真好玩》

文·图：美国迪士尼公司　湖北少年儿童出版社

迪士尼班尼兔故事系列之一。和可爱活泼的班尼兔一起玩水划船、采集浆果、在雨里跳舞，大家一起拥抱夏天吧！

《姆咪谷的夏天》 文·图：（芬）托芙·扬松　译：任溶溶　明天出版社

姆咪谷附近的火山爆发，引发了洪水。姆咪谷被淹，姆咪家也没了顶，一家人转移到从水上漂来的一座大房子里……接下来会发生什么呢？快来看看姆咪谷的夏天吧！

《大自然的发现》

文·图：美国迪士尼公司　编译：童趣出版有限公司　人民邮电出版社

小熊维尼亲近自然绘本故事之一。大自然里到处隐藏着惊喜和欢笑，到处都有奇迹和乐趣，快来和小熊维尼一起到大自然中走一走、看一看吧！

《我们的海滨朋友》 文·图：（日）下田智美　译：黄帆　贵州人民出版社

日本《自然图鉴》系列图书之一。以精彩的插图、简洁的说明引导幼儿去发现美丽、多彩、真实的大自然，去认识各种各样的海滨朋友！

《蝴蝶时钟》 著：（德）乌纳·雅各布　译：顾白　江苏少年儿童出版社

德国青少年文学大奖《最美的科普》系列图书之一。以清新流畅的文笔和华丽秀美的图画揭示了蝴蝶鲜为人知的秘密。

《实用自然图鉴》

文：（日）里内蓝　图：（日）松岗达英　译：蔡山帝、余祖发　接力出版社

冬去春来，自然千姿百态。一本约3000幅插图，近600个动植物的故事。感受自然的神奇，就从这本书开始吧！

《两棵树》

文：（法）伊丽莎白·布莱美　图：（法）克里斯托夫·布雷恩　译：麦小燕　湖北美术出版社

借助小树与大树攀比，展示出树木们在四季中的不同风采。在两棵树相互鼓励、为了重逢而努力长高的过程中，幼儿可以领会到成长的含义。

《留在夏天的雪人》 文：杨海林　图：金草莓动画　新蕾出版社

小雪人生在冬天里，他渴望见到春天，并不惜用自己的生命来浇灌春天里的嫩芽。当他融进了春天、融进了绿色后，自己也变成了一棵大树……

＊请在各大书店咨询上述介绍的绘本·图鉴。

秋

色彩变幻、虫儿啁啾、
硕果累累的秋天来啦！
让我们呼吸纯净的空气，愉快地玩耍，
一起享受大自然的恩惠吧！

p.60 橡子游戏

p.65 芒草穗娃娃

p.64 投掷树果

橡子游戏 （参见植物图鉴 p.133）

利用橡子可以进行很多游戏和手工创作哦。

快来试一试！

戴帽子

收集不同种类的橡子，将它们的“帽子”取下来，然后再组合。看看是否能给每个橡子戴上匹配的帽子！

Memo

橡子的帽子

＊

俗称橡子的帽子，学名为壳斗。

制作标本

1. 大家一起捡橡子（收集的橡子数量及种类越多越好）。

2. 准备好已分成小格的盒子，将捡到的橡子按形状和颜色分门别类。用图鉴查一下它们的名称并记录下来。

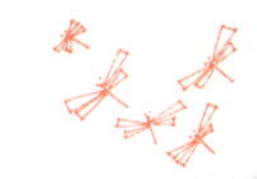

陀螺

1 取下仍挂在树上的绿色橡子。

2 将牙签插入橡子，牙签露在外面约 1cm。

＊未成熟的绿色橡子比较软，孩子们可用牙签在上面打孔。如果使用掉落在地上的较硬的橡子，请老师用锥子打孔。

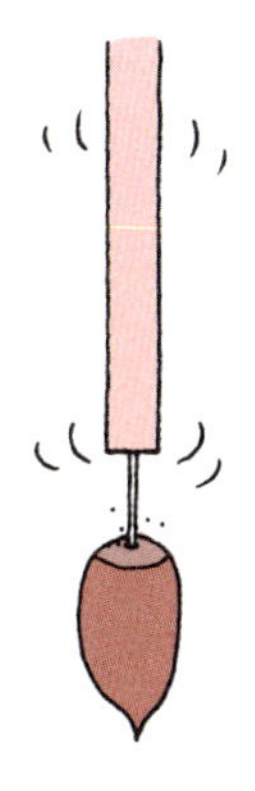

不倒翁

1 使用外皮较软的橡子（这里使用的是麻栎和乌冈栎）。由老师用锥子打孔。

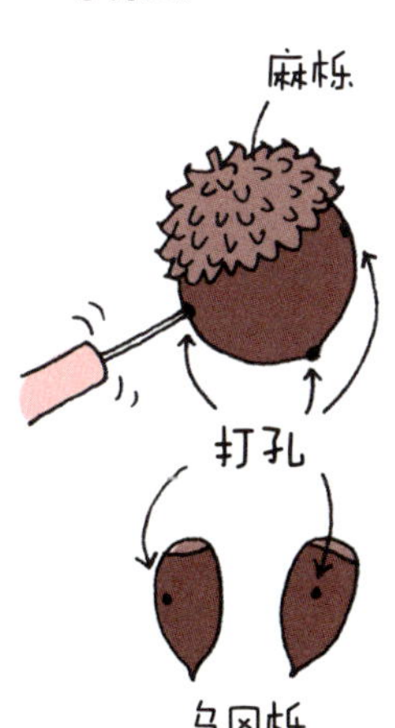

2 用油性笔画出五官后，在打好的孔里涂上木工粘合剂，插入竹签。

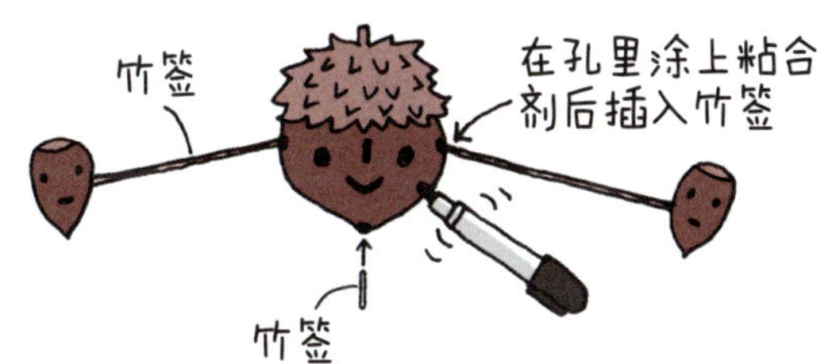

3 用手指托住中间的竹签，就能看到不倒翁左右摇晃的样子。

摇摇
晃晃

可活动的吊饰艺术品

将毛线的一端系在树枝或竹签上，另一端用透明胶带粘贴在橡子上。提起来后，一边寻找平衡点，一边调整毛线的长度和橡子的数量及大小。

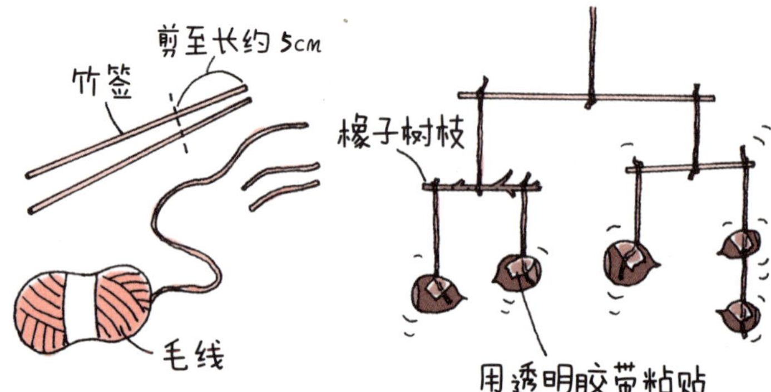

54 饲养象鼻虫

从橡子中爬出了象鼻虫的幼虫，让我们一起饲养它吧。

快来试一试！

需要准备的物品

麻栎橡子、树根处的土壤、落叶、饲养槽、喷壶、纱布。

1. 收集许多麻栎橡子，与麻栎树根部的土壤和落叶一起放入饲养槽，用喷壶稍稍喷一点水。

2. 当象鼻虫的幼虫爬出橡子时，用网眼较细的纱布盖在饲养槽上防止幼虫逃走。

3. 冬天的时候，幼虫变成虫蛹，春天就会长为成虫。因为它的嘴巴像大象的鼻子一样长长的，因此被称为象鼻虫。让幼儿仔细观察一下吧。

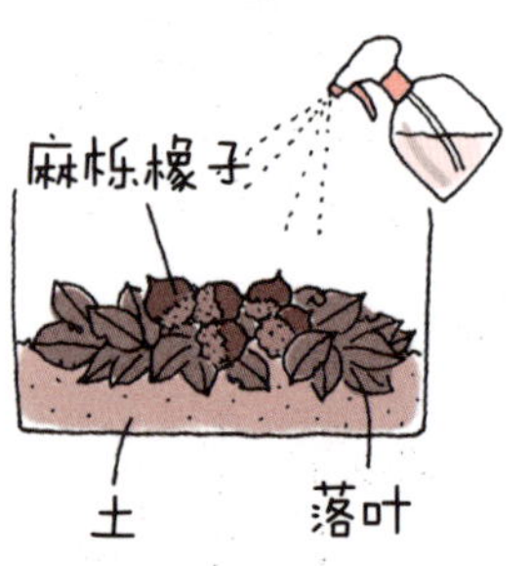

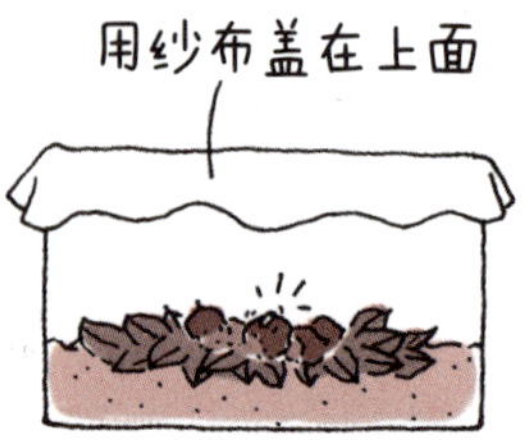

55 芒草弓箭

大家比一比，看谁的弓箭飞得最高。

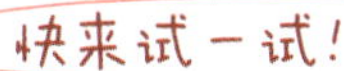

1. 选择较宽的芒草叶，在长约 1m 处剪切。如图，从叶根部两侧开始剪切，长约 15cm。让剪开的外侧叶片自然下垂。

2. 左手放在叶片的下面支撑，右手用力拽住下垂的叶片向下拉，正中央的叶轴就会像箭一样飞出去。

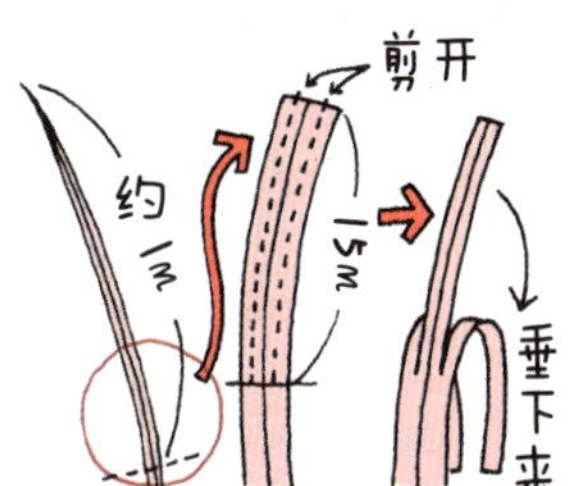

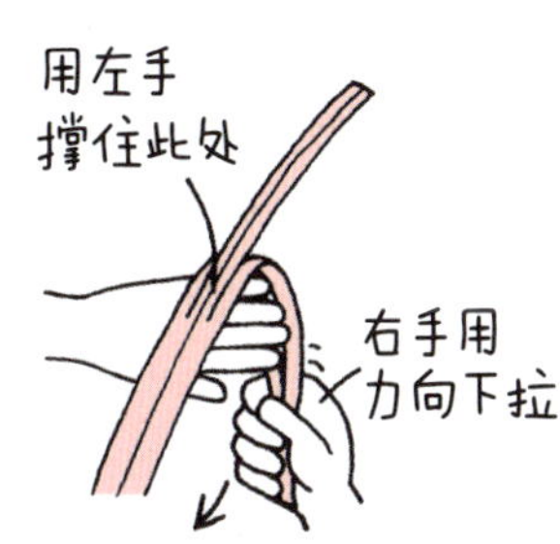

注意！

芒草的叶片边缘十分锐利，小心不要划伤手。

56 日本女贞炮

（参见植物图鉴 p.133）

日本女贞的黑色果实可以当作炮弹发射出去哦。

快来试一试！

取出成熟的日本女贞的黑色果实。用手捏住椭圆形果实的一端，果实的外皮就会裂开，中间的种子会如同炮弹一样飞出去。

Memo

日本女贞（木犀科）

*

在公园等场所经常会看见日本女贞。由于其种子长得像老鼠的粪便，而叶片又与女贞相似，所以也叫“老鼠女贞”。

57 投掷树果

（参见植物图鉴 p.134）

瞄准画好的场地，大家一起来投掷树果吧。

快来试一试！

1 在地面上画一个圆圈，在距离圆圈稍远的地方画一条直线。

2 每人 3 个树果，列队站在直线后面，按顺序将树果投向圆圈。能在圆圈中投掷树果最多者胜利。

＊各种树果都可以。使用橡子、胡桃、无患子、银杏等进行投掷时，如果树果之间发生碰撞，就会发出清脆的声音。

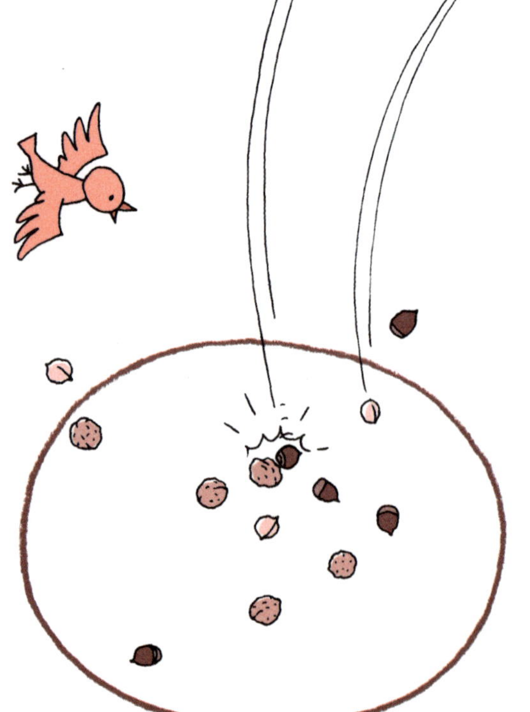

58 树果铁饼

把线绳系在树果上，投掷到远处。

快来试一试！

1 在橡子或松果上涂满木工粘合剂，然后将长约 30cm 的风筝线粘贴上去。

2 需等粘合剂完全变干后才能玩耍。用手拿住线绳的一端，抡起胳膊使劲旋转几圈后抛掷出去。可以和朋友们比一比，看谁掷得远。

注意！

投掷游戏一定要在宽敞的场地进行。确认周围没有人后再投掷。

59 芒草穗娃娃

使用芒草穗子来制作娃娃吧。

快来试一试！

1 将 10 根芒草穗结成一束后向下弯曲，用线或皮筋扎紧固定。

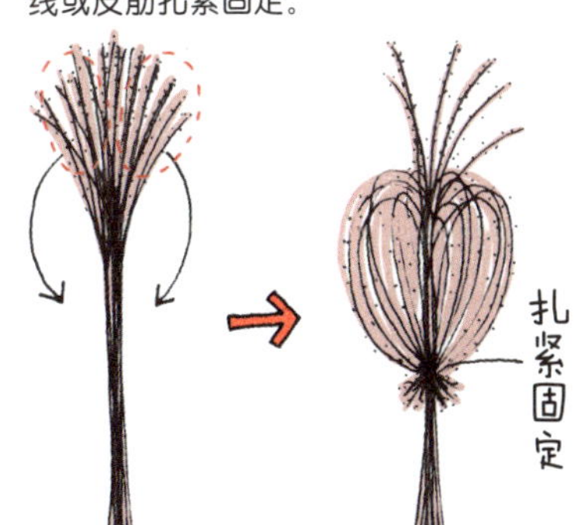

2 用纸制作眼睛和嘴巴，再用木工粘合剂粘贴。

60 椴果·槭种降落伞 （参见植物图鉴 p.134）

寻找可以旋转着降落的果实和种子吧。

快来试一试！

椴果

1 捡一些附在花苞上掉落下来的椴树果实。

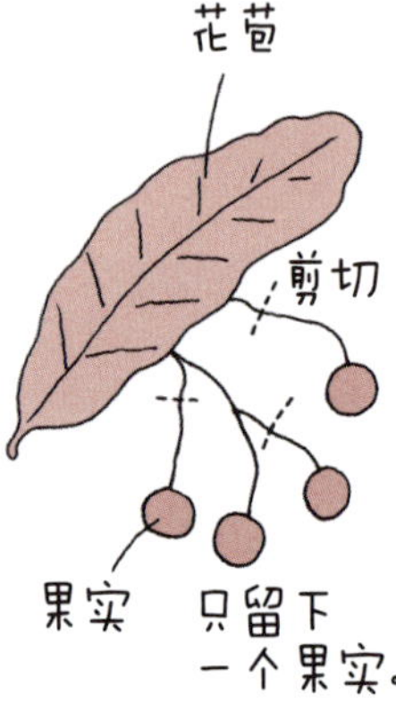

2 站在高处，松开手，果实就会旋转着往下落。如果花苞上的果实较少，其掉落速度就会较慢。大家来比一比，看谁的果实掉落得最慢。

槭种

1 如图剪切槭树的种子。

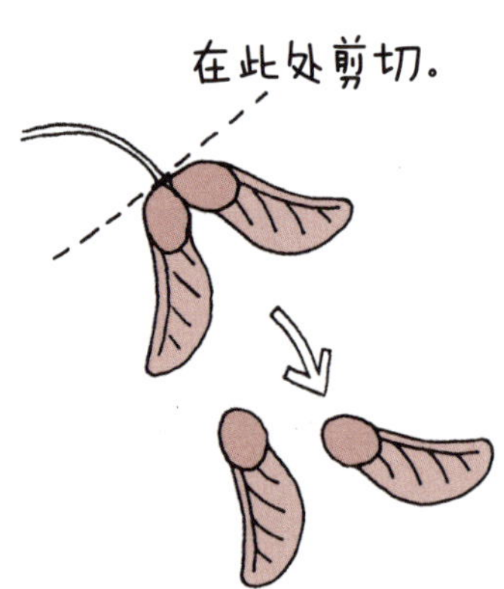

2 站在高处，松开手，种子就会旋转着落地。

61 寻找五彩秋叶

与孩子们一起寻找被染成红色或黄色的秋叶吧。

快来试一试！

在种植有各种植物的地方捡拾落叶。
叶子会变红（或变黄）的有以下植物。

枫叶类

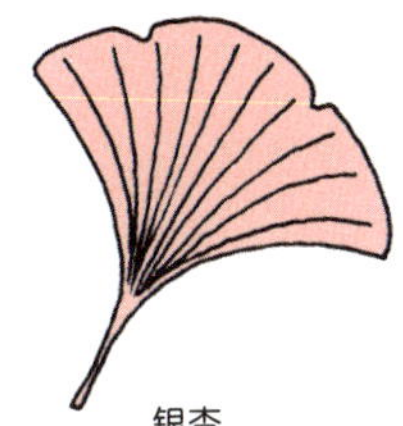

银杏

青枫

五角枫

槭树

卫矛

Memo

红叶

*

植物通过太阳光进行光合作用并在树叶中产生糖分，这些糖分作为营养物质经树枝传输到树干。然而，秋季日照时间变短、气温骤降，一些树木就会停止光合作用，原来输送水分和营养物质的纤维管也因此中断。这样一来，残留在叶片中的糖分所产生的色素就会将树叶染成红色或黄色。这就是有些树叶在秋天会变色的奥妙哦。

62 秋叶粘贴画

将秋叶夹在书本中晾干后制作粘贴画吧。

快来试一试！

1. 将有颜色的秋叶夹在电话薄或者其他较厚的书本中，放置两周左右。

2. 待叶片晾干后，将叶片用木工粘合剂或胶水粘贴在图画纸上，还可粘贴树果作为点缀。

63 烤红薯

将秋天收获的红薯烤熟了分给大家品尝吧。

快来试一试!

需要准备的物品

红薯、落叶和枯枝、报纸、铝箔、竹签、火钳、灭火用的水（放入桶中备好）。

1 和孩子们一起收集大量的落叶和枯枝，装满 3 个边长为 1m 的方形硬纸箱中即可。

＊湿的叶片需要放置几天使其晾干。

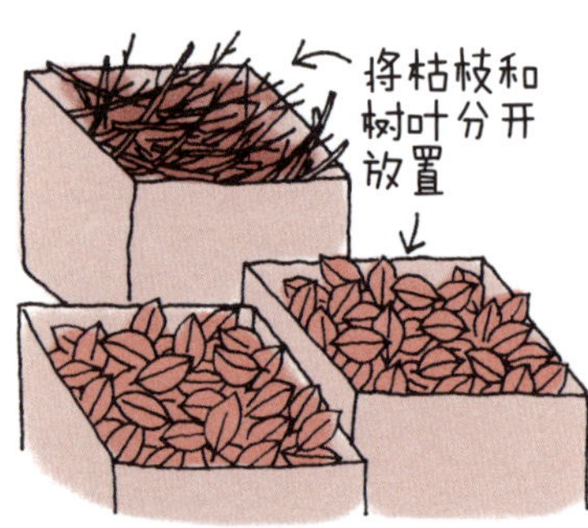

2 将树枝铺在地上，在两三处放上报纸团。

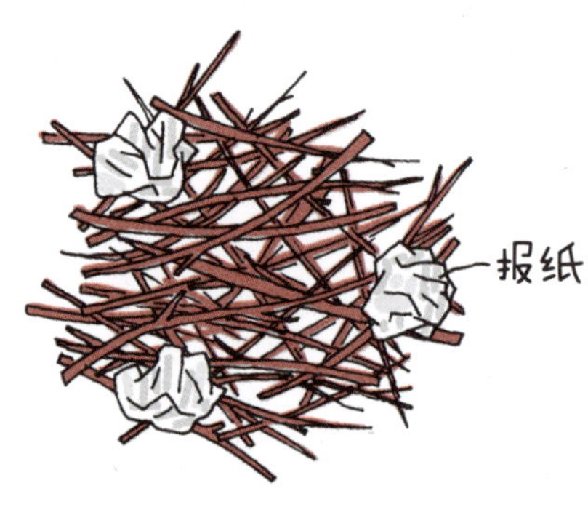

3 用铝箔把红薯包起来（如果红薯较大，可先切小一点）。

4 将❸的红薯放在枯枝上，用落叶把红薯盖起来，点燃报纸团。

＊在火堆周围画上半径为 3m 的圆圈，叮嘱孩子们不要靠近。

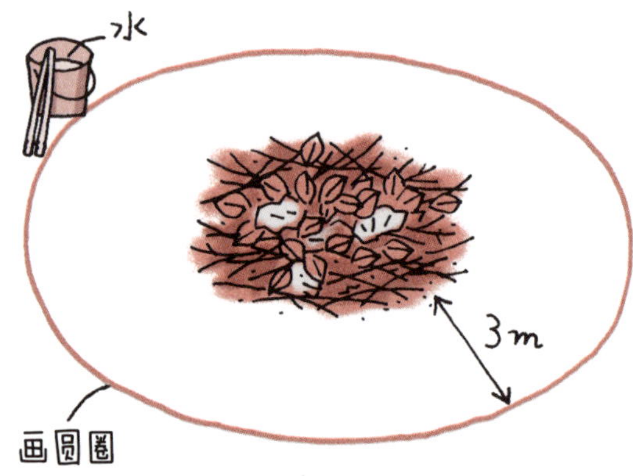

5 叶片燃烧起来后，要注意添加枯枝和树叶，大约烤 20~30 分钟。

6 用火钳将红薯取出。先不要剥掉铝箔，用竹签戳一下看看。如果竹签能够很顺利地戳进去，说明已经烤熟了，否则要再次放入火中。

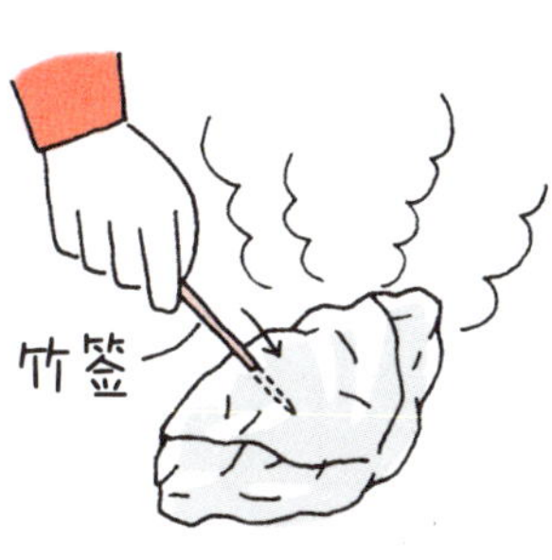

注意！

- 如果要在幼儿园燃烧篝火，最好事先联系消防队。
- 事前要反复告诫孩子们“火的危害”。

64 苍耳飞镖 （参见植物图鉴 p.134）

苍耳很容易粘在别的物体上，可以用来玩飞镖游戏。

快来试一试！

❶ 用毛毡等苍耳容易粘在上面的材料当靶子。

❷ 将苍耳当作飞镖，掷向靶子。

＊如果使劲捏苍耳，手会感到疼痛，所以要轻拿。游戏结束后把种子保存起来。若3月前后播种，不久便会发芽。

Memo

苍耳

＊

近来苍耳越来越难以发现，但是大苍耳在原野上还是比较常见的。

65 薏苡项链 （参见植物图鉴 p.135）

用黑色的圆形薏苡果实制作可爱的项链吧。

快来试一试！

❶ 取下成熟的黑色果实，去掉花的部分。

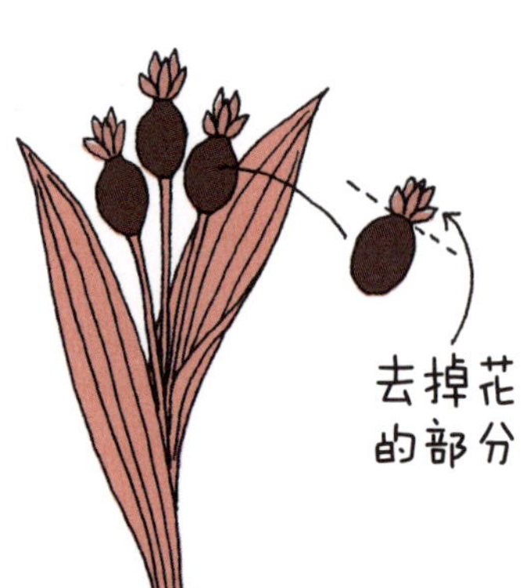

❷ 用针将果实一颗颗穿在线上，连起来就做好了。

66 松果小饰物

用形状有趣的松果制作可爱的装饰吧。

快来试一试！

需要准备的物品

各种松果、木工粘合剂、串珠、亮片、毛线、毛毡等。

选择喜欢的松果，使用准备好的材料自由创作吧。若在松果上系上毛线，可以作为圣诞装饰。

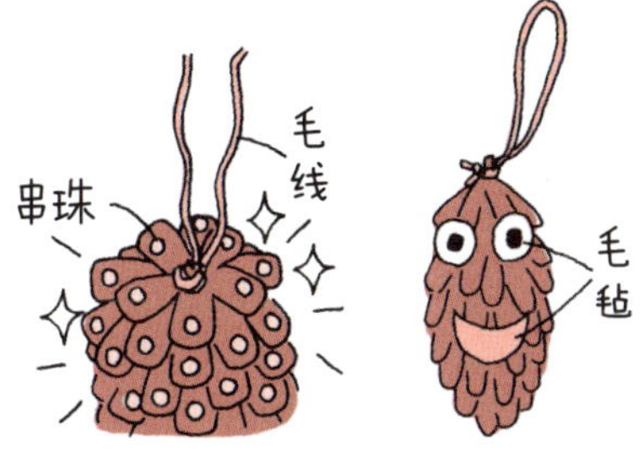

用串珠、亮片作装饰，并用毛毡制作眼睛和嘴巴，这样松果娃娃就做好了。

Memo

生存的智慧

*

将沾水后收缩的松果放入瓶口较小的瓶子中放置一会儿。等松果干燥后，松壳会重新打开，松果就无法从瓶中倒出来了。这是松果为了保护种子不被水弄湿而具有的习性。另外，若松果感知到热量，就会立刻将外壳打开，放出种子。这些都是松果的生存智慧。

67 小南瓜娃娃

用形状和颜色都非常有趣的小南瓜制作娃娃吧。

快来做一做！

需要准备的物品

小南瓜（万圣节时一些商店里有卖）、树枝、纸粘土、木工粘合剂、毛毡、扣子。

在商店里买个小南瓜，装饰在教室里。和孩子们一起仔细观察后制作娃娃。

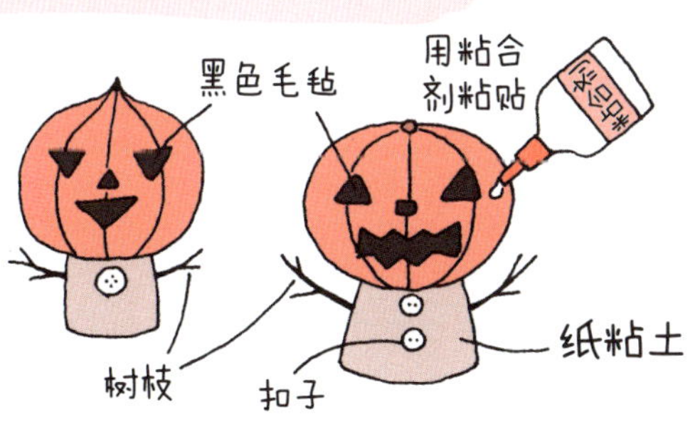

可用木瓜代替小南瓜，木瓜的香气会飘散于整个房间。

68 种植芜菁·萝卜·胡萝卜 （卷末·全年栽培计划表）

根菜是于秋天种植、春天收获的植物。

快来试一试！

需要准备的物品

种子、花槽、园土、小石子、小粒化肥。

❶ 以 10cm 为间隔，将种子播在花槽中，深度约为 1cm。

＊胡萝卜的种子特别小，可以和幼儿一起讨论怎么保管。

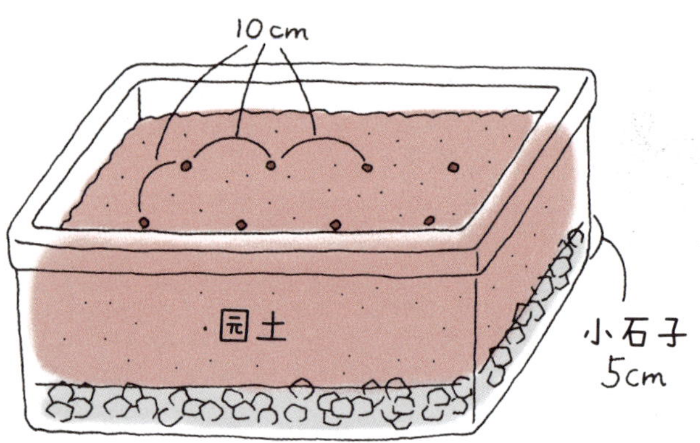

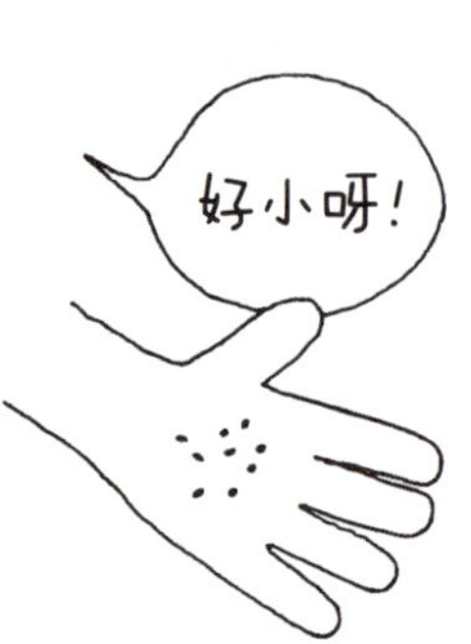

❷ 每天仔细地给土壤浇水，直到发芽（浇水时要一点一点地浇，防止种子被冲走）。

3 当叶子长到 5cm 时，将 50 粒化肥均匀地撒入花槽中。之后每 3 周施一次肥。

＊芜菁、萝卜的叶子容易被青虫吃掉，因此要注意除虫。

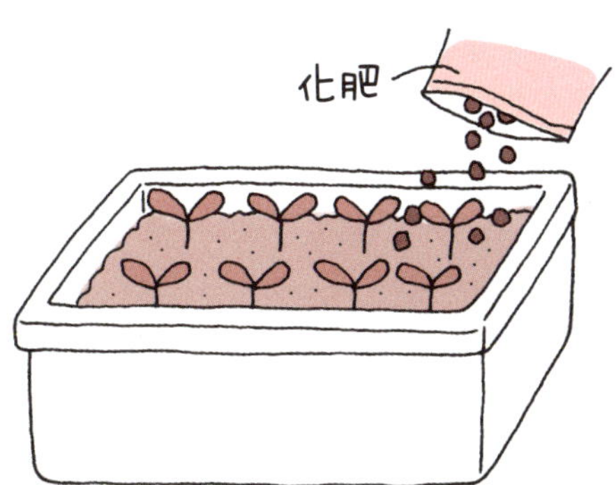

4 收获期为 2 月中旬~3 月前后。如果不收割任其生长，到 5 月份就会开花。

＊种类不同，收获期也会有所差别。所以要预先确认种子包装袋上所写的时间。

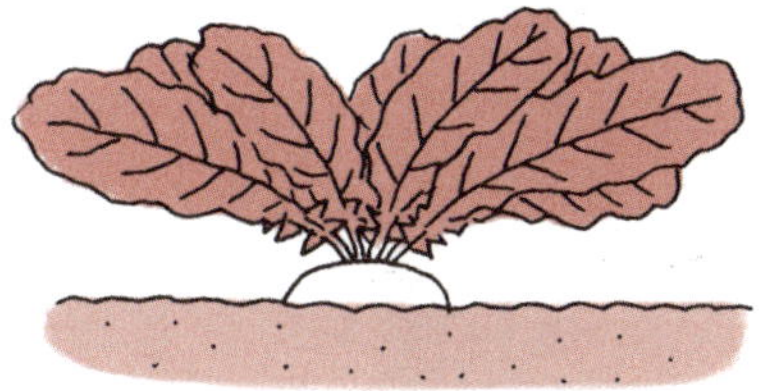

芜菁的花

萝卜的花

胡萝卜的花

69 制作山茶油

（参见植物图鉴 p.135）

碾碎山茶花的种子来制作山茶油吧。

快来试一试！

需要准备的物品

钳子或铁锤、瓶子、方便筷、手帕。

1 使用钳子或铁锤凿开种子(由老师操作)。

2 去掉❶的种子外皮，将里面的种子（10~20 粒）放入瓶中，用方便筷捣碎。

3 将❷用手帕包起来后用力拧。

4 不一会儿就有油浸出来。将浸出来的油涂在剪刀上，剪刀会变得更灵活。

70 烹制木瓜茶

（参见植物图鉴 p.135）

一起来制作香甜的、对咽喉有益的木瓜茶吧。

快来试一试！

1 将木瓜洗净，切成厚度约为 3mm 的木瓜片。

2 去掉种子后，将木瓜片摊放在笊篱上，阴干大约一周时间。注意不要将木瓜片重叠在一起，并放置在通风处以防生霉。

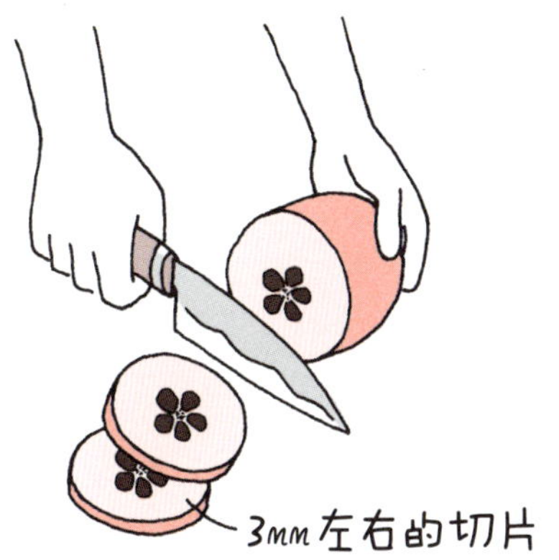

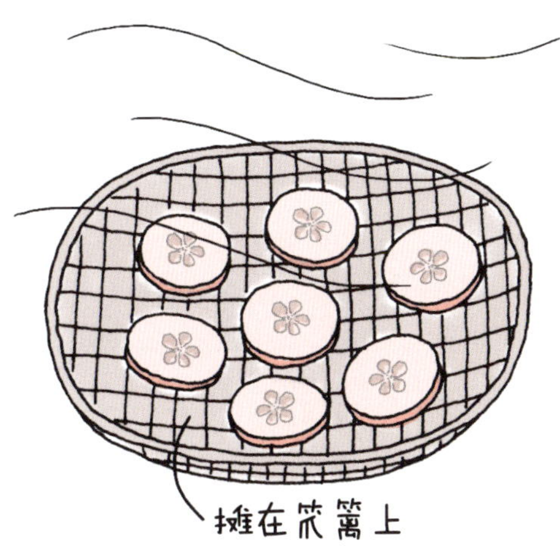

3 将一片步骤❷中的干木瓜片放入杯子，倒入热水，再加入一勺蜂蜜搅拌均匀即可。

适合在秋天阅读的绘本·图鉴

《迪士尼班尼兔故事纸板书·好美好美的秋天》

文·图：美国迪士尼公司　湖北少年儿童出版社

迪士尼班尼兔故事系列之一。和活泼可爱的班尼兔一起聆听秋风，呼吸秋天的空气，欣赏缤纷的落叶，感受秋天的美好和快乐吧！

《14只老鼠的秋天进行曲》 文·图：（日）岩村和朗　译：彭懿　接力出版社

在秋高气爽的日子里，14只老鼠在玩捉迷藏的时候，意外地撞见了游行的队伍……融合自然之美与亲情之爱的世界级经典绘本作品。

《鼹鼠的四季：秋天的童话》

文：（捷）哈娜·多斯科奇洛娃　图：（捷）兹德内克·米莱尔　接力出版社

描述了鼹鼠和山雀在秋天里的精彩生活，是充满了幻想与爱的故事。是0~3岁幼儿的最佳成长伙伴。

《自然的颜色》

文·图：美国迪士尼公司　编译：童趣出版有限公司　人民邮电出版社

秋天来了，快快来与小熊维尼和小猪去远足，看金色的树叶、蔚蓝的天空、通红的苹果……欣赏大自然带给我们的五颜六色的世界吧！

《来吧，我们一起发现秋天》

文·图：（德）敏特·柯尼西　译：荆妮　广西美术出版社

秋天的大自然能够带给我们许多奇妙体验。候鸟南飞，树叶变色，白天骤短，果实成熟，人们收获满满。让我们跟着尤莉娅和卢卡斯一起品尝美食，玩游戏，做手工，发现秋天！

《四季童话百科绘本：秋》 文：金波　图：朱士芳　电子工业出版社

国际安徒生奖获得者金波先生的作品，讲述了发生在秋天的感人故事。该书情节生动，语言亲切优美而富有情趣，融故事性、知识性和趣味性于一体。

《虫虫王国历险记》 江西高校出版社

教幼儿认识昆虫世界的科学绘本！全书按照昆虫的不同生长环境来划分，将各种常见昆虫的特性融入到故事中。另附昆虫生长速查表，以备老师和家长解答幼儿提出的相关问题。

*请在各大书店咨询上述介绍的绘本·图鉴。

冬天来了，万物休憩。
在寒冷的季节，
无论是到户外探索大自然，
还是在室内进行手工游戏，都非常有乐趣！

p.91 用树果和树叶制作花环

p.81 落叶床

p.89 制作彩色树枝

71 寻找冬天里的幼芽

（参见植物图鉴 p.135）

即使在寒冷的冬天，也生长着各种幼芽。大家一起来寻找吧！

快来试一试！

与孩子们一起散步时观察各种树木，寻找冬芽。

山茶花

切开山茶花的冬芽，可以看到在坚硬的表皮里面包裹着将在春天开放的花朵。

＊樱花、青榜的冬芽也同样被坚硬的表皮包裹着。

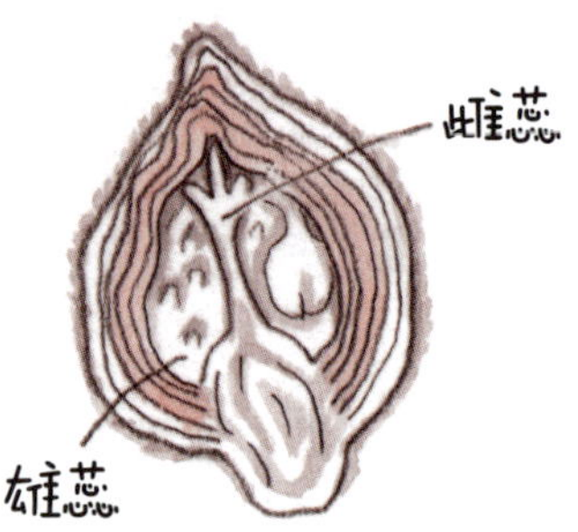

木兰树、梧桐树

被一层表皮包裹着，表皮上覆盖着厚厚的毛。

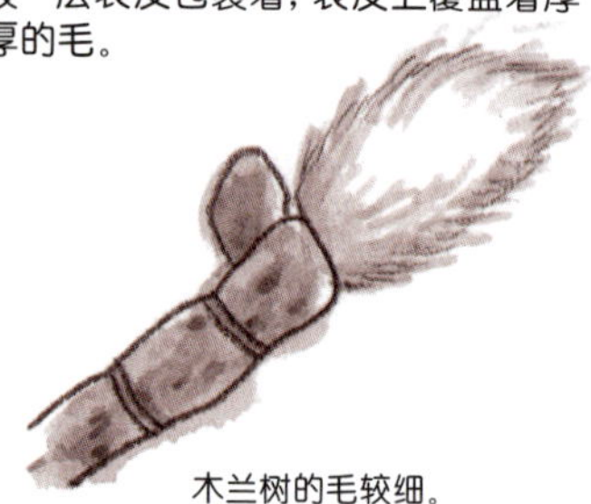

木兰树的毛较细。

梧桐树的毛较硬。

日本七叶树

冬芽被包裹在粘粘的树液中。

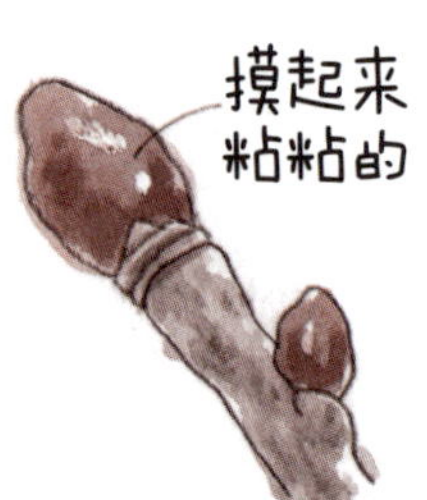

72 在庭院中观察野鸟

将冬季下山的野鸟吸引到庭院中进行观察吧。

快来试一试！

1. 将稍微破损的橘子（其他柑橘类也可以）分给幼儿，切成圆片后挂在树枝上。

   ＊除了橘子之外，还可将陈米或面包碎粒放在木台子上。

2. 数日后就会有许多野鸟聚集过来。让幼儿仔细观察鸟儿的姿态，倾听它们的叫声。

常见的野鸟

绣眼鸟

白头翁

灰椋鸟

灰喜鹊

北红尾鸲

斑鸫

金翅雀

73 松叶游戏

用冬季掉落下来的松叶来做各种游戏吧。

快来试一试！

用松叶和果实制作小饰物

将松叶连枝剪下，插入花瓶。在松针尖上插上南天竹等漂亮的树木果实作为点缀。

斗松叶 –1

每人一片松叶，互相交叉后用力向自己的方向拉扯。松叶不被扯断的一方获胜。

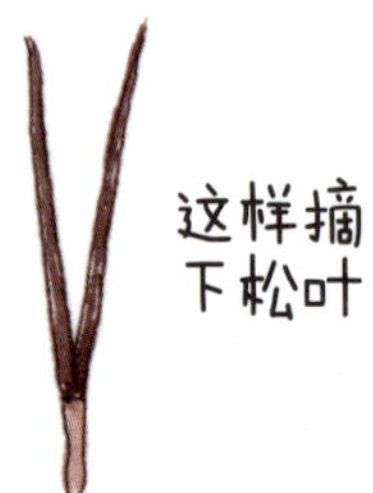

斗松叶 -2

1 将30根松叶结成一束，将叶柄在地面调整对齐后用线或橡皮筋捆扎固定。上面插上山茶花叶等较硬的树叶当作脸部。

2 制作另一束松叶，如图用线或橡皮筋固定在❶上。

3 用纸盒箱当作相扑场地，握拳敲打盒子来玩相扑游戏。先倒下或从圆圈中跳出来的一方输。

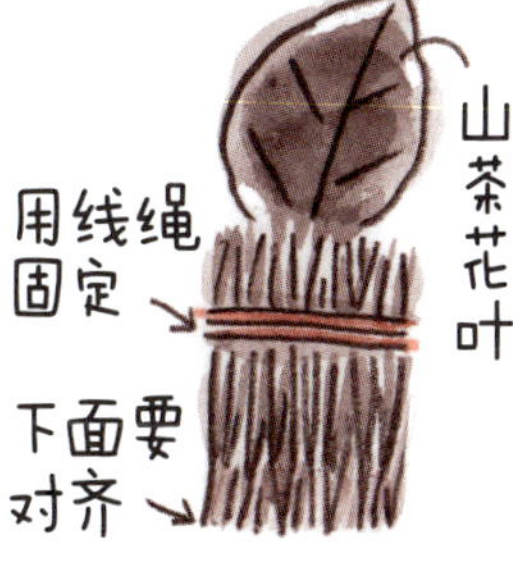

74 落叶床

利用许多落叶制作落叶床吧。

快来试一试！

1 让幼儿用扫帚将院子里的落叶聚集起来。

2 收集了足够多的落叶，就可以让幼儿跳上去玩耍。同时，老师要与幼儿交流，问问他们“有什么感觉？”“什么气味？”“暖和吗？”等，引导幼儿用各种器官体验大自然。

75 果汁画

利用果汁中富含的酸性物质来玩有趣的游戏吧。

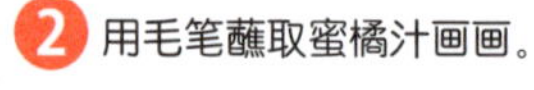

烤墨纸

需要准备的物品

蜜橘（西柚、柠檬都可）、白纸、毛笔、电炉等。

1. 榨出蜜橘的汁液，放入容器中备用。
   ＊西柚、柠檬、柚子等均可，但蜜橘最方便幼儿操作。

2. 用毛笔蘸取蜜橘汁画画。

3. 把画晾干后，将图画纸放在电炉上烤。这时，果汁中所含的酸性物质会发生反应。画过画的地方被烤焦，图形就显现出来了。

注意！

由老师将画纸放在电炉上。不要使用明火，以防纸张燃烧。

放入水中

1 与烤墨纸一样，用榨出的蜜橘汁画画，晾干后放入水中。

2 不可思议的事情发生了。因晾干而消失的画再次显现出来。

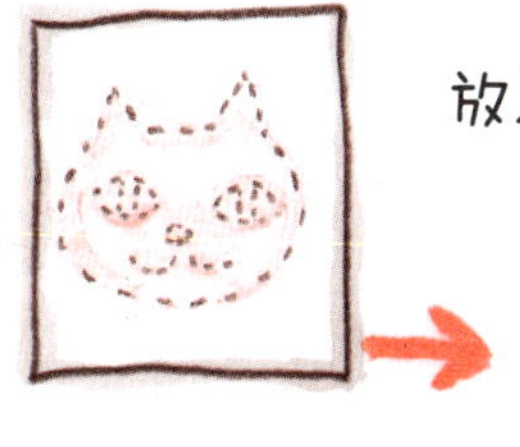

76 柠檬汁的妙用

用柠檬汁来变魔术吧。

快来试一试！

1 在变脏了的硬币上撒一些盐。

2 将柠檬汁滴在上面，放置一会儿。

3 用布擦掉柠檬汁。哇，硬币变得崭新起来！

Memo

柠檬酸的力量

*

使用时间长的硬币会变成茶褐色。这是铜经过氧化变成了氧化铜的缘故。而撒上盐、滴上柠檬汁后，柠檬酸和盐的离子反应会让硬币表面的氧化铜分解，硬币就恢复崭新了。

77 神奇的柑橘油

用橘子或柠檬表皮里蕴含的油来做游戏吧。

快来试一试！

油的魔力①消失

先用油性笔在塑料板上画画，再用橘子或柠檬的皮擦拭。不可思议的事情发生了，图画消失不见了！

油的魔力②粘贴

用泡沫塑料餐盒剪下喜欢的形状，再涂上柠檬或橘子皮的汁，泡沫塑料之间竟然粘在了一起。可以组合成各种不同的形状来做游戏。

橘汁烟火

对着蜡烛的火焰挤橘子皮或柠檬皮，溅到火焰上的柑橘油燃烧时会形成星星点点的小火花，非常美丽。

注意！

不要让幼儿单独接触火。

Memo

环保的橘皮油

*

挤压橘皮或柠檬皮制成的油被称为柑橘油或柠檬油精，近年来作为环保成分受到广泛关注。例如，在洗剂中加入柑橘油可以加强去污效果；再如，利用柑橘油能溶解发泡塑料的性质处理垃圾可以减小垃圾体积的研究也取得了一定的进展。

78 风信子·春番红花的水培法 （参见植物图鉴 p.135）

在室内栽培球茎类植物，观察其生长过程吧。

快来试一试！

需要准备的物品

风信子或春番红花的球茎、水培容器（风信子、春番红花都有专用容器）、黑色图画纸。

1. 球茎的大小决定所开花朵的质量。选择时请遵循右边的注意点。

尽可能挑选较重、形状完整的球茎。

不要挑选裂开的、有伤口的、长霉的球茎。

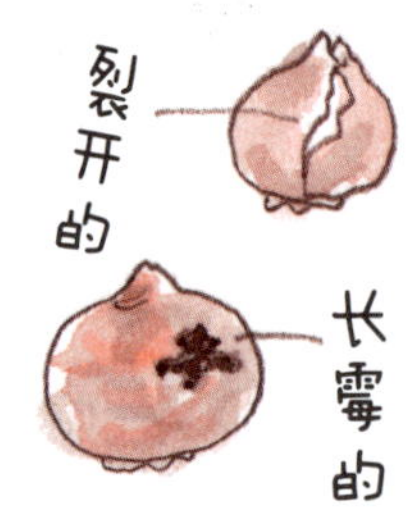

2. 在水温为 15℃左右的 10 月下旬~11 月中旬开始水培。在容器中注入水，将球茎放入容器。此时，球茎底部要刚好与水面接触，不要整个浸入水中，否则容易腐烂。

3 将容器放在窗边并避开阳光直射，用黑色图画纸做成筒状罩住容器，直到球茎长出的根部达到容器高度的 2/3 位置。

4 当根部生长到超过容器高度 2/3 位置时去掉纸筒，减少水量。同时让幼儿仔细观察球茎每天的生长情况。

5 花期结束后，将球根植入土壤或花盆中，使其处于休眠状态。来年基本上不会开花，但第三年会开出美丽的花朵。

79 树果响葫芦

用入春以来采集的树果制作响葫芦吧。

快来试一试！

需要准备的物品

各种树果、两个大小一样的塑料果冻容器、透明胶带。

将干燥的树果放入容器中，与另一个容器对合后用透明胶带粘贴固定。使用不同种类的树果，发出的声音也会不同。体验一下各种不同的声音所带来的乐趣吧。

80 用树枝和树果制作粘贴画

使用干燥的树枝和树果制作粘贴画吧。

快来试一试！

需要准备的物品

各种树枝和树果、瓦楞纸、图画纸、空盒子、木工粘合剂。

＊老师与幼儿一起在庭院中搜集枯树枝，然后将搜集到的枯树枝剪成 5cm、3cm、1cm 等容易保管的长度后装在不同的盒子里。

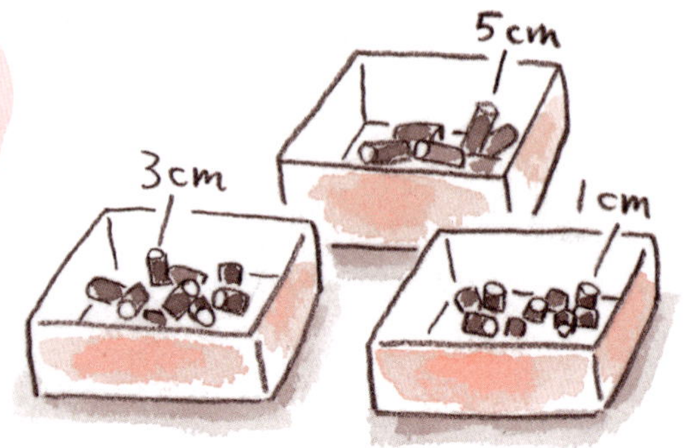

粘贴画

在树枝和树果上涂抹木工粘合剂，粘在瓦楞纸和图画纸上制作粘贴画。

立体手工

组合木片和粗树枝创作立体作品吧。

81 制作彩色树枝

将树枝浸在彩色水里染色，制作漂亮的彩色树枝吧。

快来试一试！

1 将各种树木的树枝（宽1cm~1.5cm）从根部剪下来（由老师操作）。

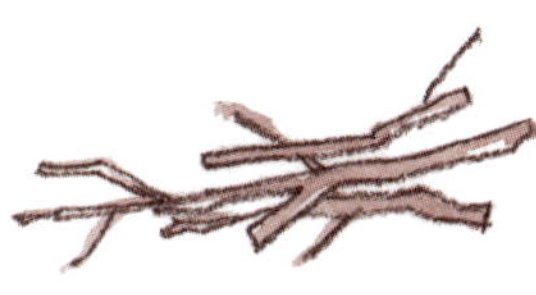

2 将❶的树枝放入各种颜色的水中，放置一天（树枝根部要完全浸在水中）。这样，彩色水会被树枝吸收，树枝就被染上漂亮的颜色了。

3 将染了色的树枝用剪刀剪成小圆段。

可以骨碌骨碌地转动，很好玩。

用于手工制作。

放入透明的瓶子里作装饰，很漂亮。

82 制作树果烛台

用树果精心装饰自己的烛台吧。

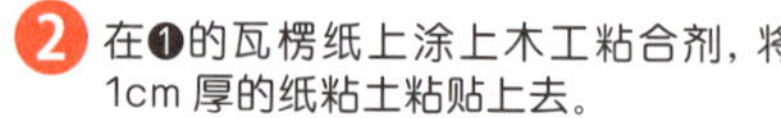

需要准备的物品

各种树果、瓦楞纸、木工粘合剂、纸粘土、蜡烛。

1. 将瓦楞纸剪成喜欢的形状作为底座。

2. 在❶的瓦楞纸上涂上木工粘合剂，将1cm 厚的纸粘土粘贴上去。

3. 用木工粘合剂将树果粘贴到纸粘土上，自由地加以点缀。再将蜡烛放上去，烛台就做好了。

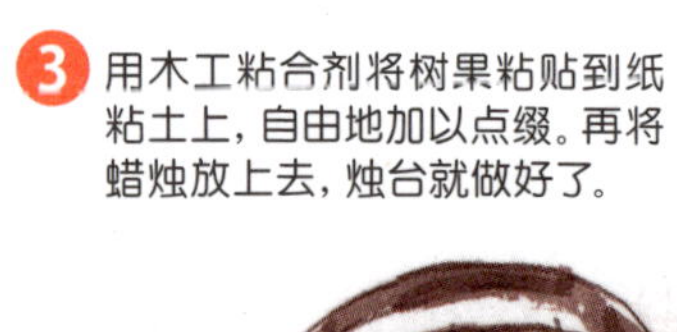

注意！

对幼儿进行关于用火注意事项的提示后，再让他们使用做好的烛台。

83 用树果和树叶制作花环

使用各种植物来制作圣诞花环吧。

快来试一试!

需要准备的物品

干花、干树叶、各种树果、瓦楞纸、木工粘合剂、蝴蝶结、铃铛。

提前3周将花朵和树叶倒挂风干(参照p.99)。

1 将瓦楞纸剪成圆环状。

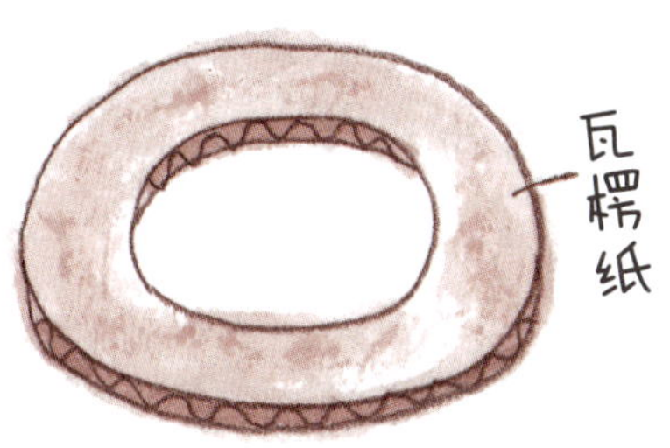

2 在❶的瓦楞纸上涂抹木工粘合剂，将1cm厚的纸粘土粘贴上去。

3 将树枝和花朵粘贴在四周，然后再粘贴树果。最后粘贴蝴蝶结和铃铛。

84 大叶冬青明信片 （参见植物图鉴 p.135）

用冬天依然翠绿、厚实的大叶冬青的叶片来制作明信片吧。

快来试一试！

在叶片背面用竹签写字或画画。只要贴上邮票就可以邮寄出去喽。

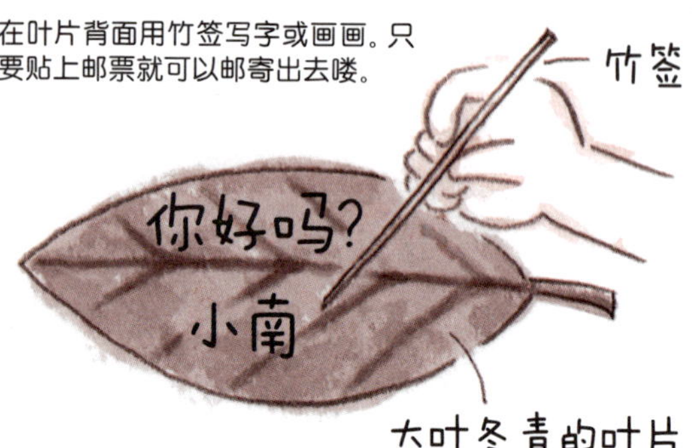

Memo

明信片之树

*

大叶冬青常见于公园和道路两旁，属于冬青科常绿乔树。树叶较厚，背面可划出字或图画，因此被称为明信片之树。

* 邮费会因叶片大小不同而有所差别，请向邮局确认。

85 南天竹雪兔 （参见植物图鉴 p.136）

下雪了，利用南天竹来制作雪兔吧。

快来试一试！

用雪堆出兔子的形状，插入红色的果实当作眼睛，绿色的叶子作为耳朵。

＊冬季结出红色果实的其他植物有：珊瑚木、草珊瑚、朱砂根、火棘、窄叶火棘、南蛇藤。

86 柊树避邪物 （参见植物图鉴 p.136）

讲讲与避邪有关的故事，并将柊树枝装饰在门口吧。

快来试一试！

“带刺的植物和沙丁鱼是魔鬼很讨厌的东西哦。”一边给幼儿讲故事，一边在门口挂上柊树枝和沙丁鱼的鱼骨图。

＊据传，魔鬼很讨厌沙丁鱼，认为它的“眼睛很恐怖”、“味道很臭”。

Memo

可以避邪的植物

＊

古时传说带刺的和长有尖锐叶片的植物能驱散邪气。在家门口附近种植柊树这种叶片带刺的植物就是基于这个传说。

适合在冬天阅读的绘本·图鉴

《迪士尼班尼兔故事纸板书·哇！下雪了》

文·图：美国迪士尼公司　湖北少年儿童出版社

迪士尼班尼兔故事系列之一。冬天来了，雪花飞舞，和活泼可爱的班尼兔一起堆雪人、打雪仗、滑冰车，体会冬天的无穷乐趣吧！

《鼹鼠的四季：冬天的童话》

文：（捷）哈娜·多斯科奇洛娃　图：（捷）兹德内克·米莱尔　接力出版社

描绘了鼹鼠和山雀在冬天里的精彩生活，是充满了幻想与爱的故事。是0~3岁幼儿的最佳成长伙伴。

《雪孩子》

文：（英）凯瑟琳·沃尔特斯　图：（爱尔兰）艾利森·埃奇林　译：金波　外语教学与研究出版社

飘雪的夜晚，雪孩子动了起来，把迷路的小兔送回了家……美丽的魔法之旅会让幼儿在掩卷之余，嘴角勾起满足的微笑。

《兔子的胡萝卜》 文：王一梅　图：卜佳媚　海燕出版社

发生在冬天里的温暖故事。兔子、雪人、鸟由胡萝卜巧妙地贯串起来。它们在不计回报和付出的同时，也都得到了回报，而且获得了真诚的友谊。

《14只老鼠过冬天》 文·图：（日）岩村和朗　译：彭懿　接力出版社

日本绘本大师岩村和朗的经典代表作。讲述由爷爷、奶奶、爸爸、妈妈和10个孩子组成的大家庭其乐融融度过寒冷冬天的故事。

《一个冬夜》

文：（英）克莱尔·弗莱德曼　图：（英）西蒙·门德兹　译：禹田　中央编译出版社

暖房子系列绘本之一。一只饥饿的獾孤独地走在冬夜的雪地里，它会遇到谁？它能否平安度过这寒冷的冬夜呢？

《冬天里的弗洛格》 文·图：（荷）马克斯·维尔修思　湖南少儿出版社

是有助于幼儿心灵成长的教育故事。以冬天为主题，文字透着生动和幽默，图画则是鲜有的简笔画风格，被西方艺术家们誉为“简笔画世界的杰作”。

＊请在各大书店咨询上述介绍的绘本·图鉴。

一年四季

无论哪一个季节，
大自然的变幻都与我们息息相关。
让孩子们在幼儿园里
感受身边的大自然吧！

p.98 寻找芳香的植物

p.96 彩色水游戏

p.113 养殖香菇

87 彩色水游戏 （卷末·指导方案）

利用身边的植物制作彩色水，在游戏中学本领吧。

快来试一试！

制作彩色水

寻找能够捣出颜色的植物。将植物放入容器中，一边加入少量的水一边用方便筷捣碎，使颜色融入水中。注意不要将不同种类的植物混在一起。在制作过程中可以体验色彩、气味以及触感。得到的彩色水可以用来玩过家家游戏。

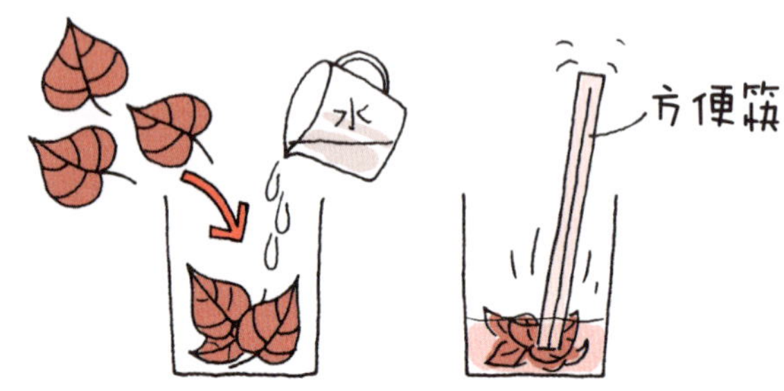

容易捣出颜色的植物（例）

	春	夏	秋	冬
花	三色堇 香豌豆	千日红 夜来香 鸭拓草 牵牛花 凤仙花	玫瑰海棠 （丽格海棠）	
花	蔷薇			
果实		柊树 山牛蒡	蜜橘 苹果 茄子 葡萄	
叶	四籽野豌豆	紫苏		
叶	白三叶 艾蒿			

注意！

山牛蒡的叶子、果实以及根部都有毒，千万不要误食。

彩色水魔术

在三色堇的彩色水中加入醋（酸性）或肥皂水（碱性）等液体时，彩色水的颜色就会神奇地发生变化。可以用各种不同的彩色水尝试一下。另外，用玫瑰海棠的红色花瓣制成的彩色水所画的画，放置15分钟后会因氧化变成蓝色。

Memo

变色的原因

*

在蓝色或蓝紫色的植物制成的彩色水中添加柠檬汁或醋时，水就会变成红色。这是因为原来的彩色水是碱性溶液，加入酸性液体后，溶液的分子发生变化，引起光线波长的改变，从而在视觉上发生了颜色的变化。

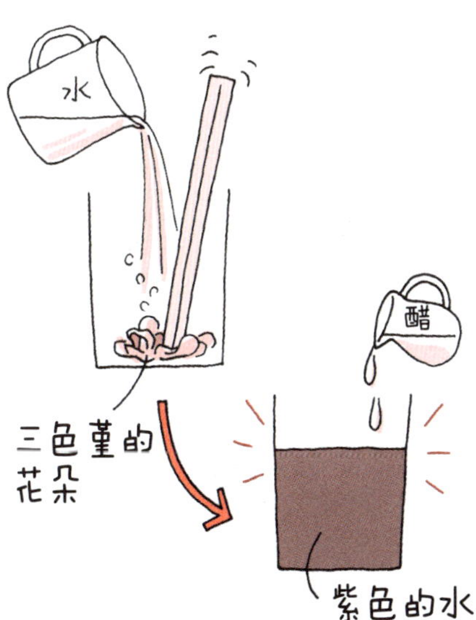

在三色堇制成的紫色或蓝色的水中添加醋后……

变成红色了！

寻找芳香的植物

寻找各种芳香的植物来玩吧。

快来试一试！

与孩子们一起外出寻找带有芳香味道的花朵和树叶。将掉落的花朵和树叶放在篮子里带回来吧。

● 芳香的植物（例）

	春	夏	秋
花	油菜花 瑞香 洋槐 蔷薇 紫藤 丁香 风信子 水仙	栀子花 含笑花 姜花 百合花	丹桂 月桂 柊树 菊花
叶	月桂树、葛藤、普陀樟、大叶钓樟、柠檬树、扁柏、圆柏、耳齿紫苏、紫苏、竹叶、薰衣草、薄荷、迷迭香、罗勒、鼠尾草、鱼腥草		

试着做一做！

香囊

1. 用无纺布或花纸将芳香的花朵和树叶包裹起来。
2. 用毛线或绳子系紧后挂在窗边，房间里就会飘散着芳香。用绸带系成蝴蝶结装饰一下，再用毛毡粘贴成娃娃后就可以作为送给好朋友的礼物。

花纸
毛线
用毛毡制作娃娃脸部
花和叶

注意！

如果很多种类的花和叶混合在一起，气味反而会变得不芳香。所以先尝试只用一种花或叶制作香囊吧。

89 制作干树叶·干花

用院子里的花草制作干树叶和干花吧。

快来试一试！

1. 将几枝花或者树枝结成束，倒挂起来风干。如果使用 p.98 中列举的芳香植物，特别是香草等香味浓烈的植物来制作，仅仅是悬挂在那里也会为房间带来扑鼻的芳香。

   ＊当将花朵结成束风干时，花朵之间相互接触的部分容易发霉，所以花束不要做得太大（注意使空气能在花朵之间流通）。

2. 季节不同，风干所需要的时间也不同。一般来说，3~4 周即可。制作好的干花可用来作为装饰物或进行手工制作。

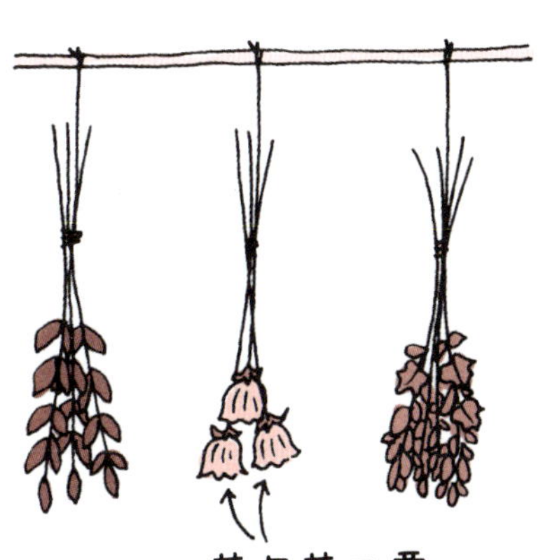

试着做一做！

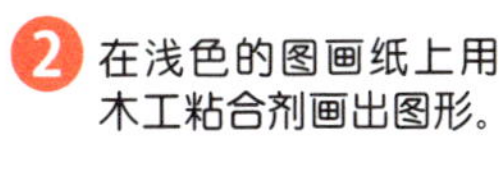

植物干粉画

1. 将干树叶和干花磨成粉状。

用手掰碎。

放入研钵中研磨成粉状。干燥的树果也可做相同处理。

2. 在浅色的图画纸上用木工粘合剂画出图形。

3. 将❶撒在纸上。撒满之后摇一摇，去掉多余的粉末。

90 用树叶·花朵制作书签

用捡到的树叶和花朵制作书签留作纪念吧。

快来试一试！

需要准备的物品

各种树叶和花朵、电话簿等较厚的书本、图画纸、彩色纸、木工粘合剂、砖头之类的重物、装饰用的道具和材料（波浪剪刀、打孔器、布绸带等）。

1 搜集各种不同形状和图案的树叶和花朵（不推荐使用叶片或花瓣较厚的）。

2 将搜集到的树叶或花朵夹在电话簿等较厚的书本中，在上面压上砖头等较重的物体。大约3周后，树叶或花朵就会完全变干。

＊太光滑的纸张无法吸收水分，此时需要先夹入纸巾再放入树叶或花朵。

3 将干树叶用木工粘合剂粘贴在图画纸上，用彩色纸等材料自由地粘贴、创作。还可以在上面压膜哦。

4 将图画纸用波浪剪刀剪掉多余的部分，然后用打孔器打孔，然后将布绸带穿过小孔系上即可。

91 蔬菜印章

利用蔬菜的横截面来制作印章吧。

需要准备的物品

蔬菜印章（各种蔬菜的横截面或者蒂部）、方形盘、海绵、颜料、图画纸。

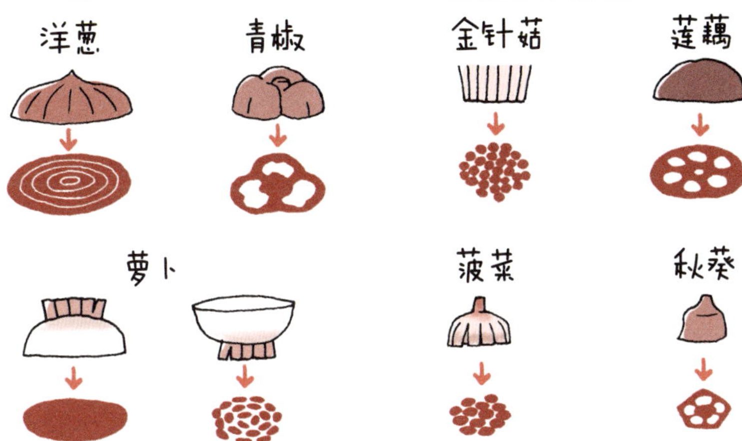

❶ 制作各种颜色的印台。

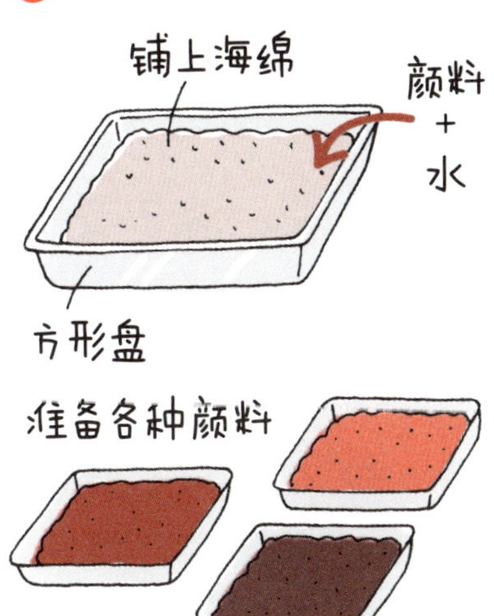

❷ 用喜欢的蔬菜印章蘸❶的印泥，然后印在图画纸上制作印章画吧。

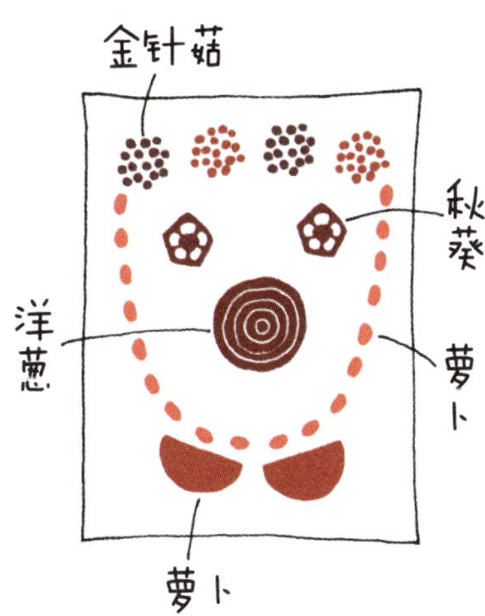

92 倾听植物的声音

在森林中倾听植物发出的各种声音吧。

快来试一试！

风吹过的声音

微风吹来，侧耳倾听，分辨一下树木、花草摇曳的声音。

竹林的声音是怎样的？

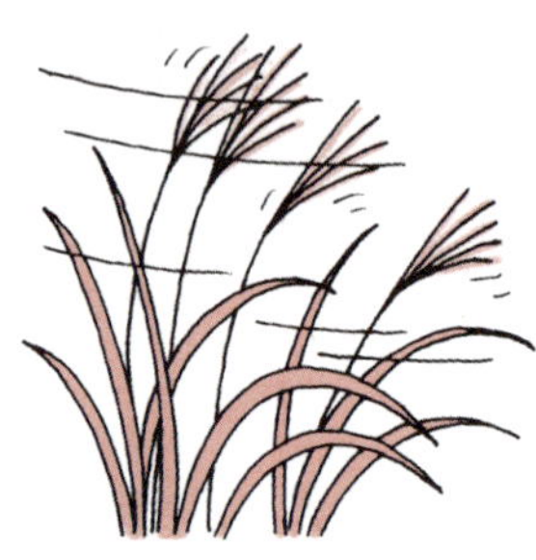

芒草的声音呢？

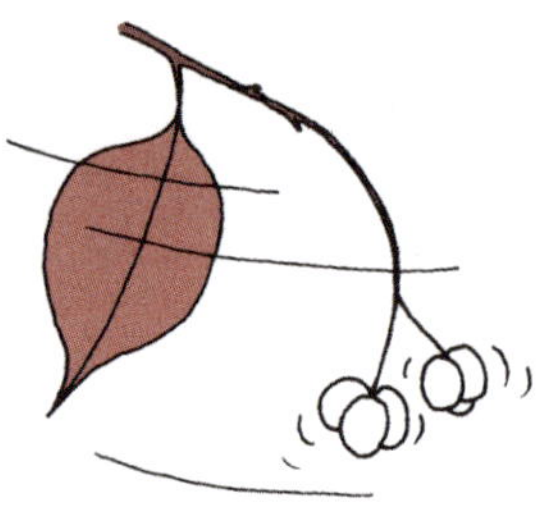

坚硬的乌桕果实会发出怎样的声音？

大树的声音

把耳朵贴在树干上，听听大树的声音吧。可以听到树木吸收水分的声音、树枝摇晃的声音、树叶沙沙抖动的声音哦。

折断枯树枝的声音

捡起枯树枝，两手握住两端并折断，听听树枝折断时发出的声音。树木的种类不同，声音也会有所差别。

敲击树木的声音

试着敲击各种树木的树枝或树干吧。

用手掌拍打樱花树的树干。

用手掌拍打表皮光滑的树干。

用枯树枝敲打各种物体，来玩打击乐器游戏。

植物相互摩擦的声音

用表面粗糙的植物相互摩擦，听听会发出什么样的声音。

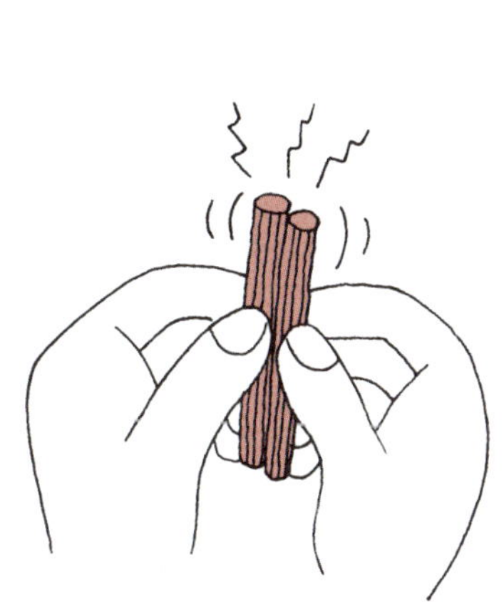

顺着木贼的纹理相互摩擦。

用糙叶树、竹子的粗糙叶面相互摩擦。

93 随风摇曳的植物

与幼儿一起观察随风摇曳的植物吧。

快来试一试！

观察庭院中的树木

在刮大风的日子，观察庭院中各种树木的样子吧。

枝干笔直的树木会怎样摇曳呢？
（如银杏、百合树、杉树、松树等）

枝干粗壮的大树会怎样摇曳呢？
（如樟树、白橡木、鸡爪槭等）

叶片的形状和厚度不同，
是否摇曳的方式也不一样呢？
（圆形叶、角叶、细叶、软叶、硬叶等）

把树叶装饰在窗边

用毛线或细绳系住叶柄后将树叶悬挂在窗边，
观察叶片随风摇曳或打转的样子，仔细比较不同叶片的差异。

树叶风车

将柊树的叶片拿在手中，向叶片吹气使叶片转动。将柊树叶挂在风口处，它就会随风转动。

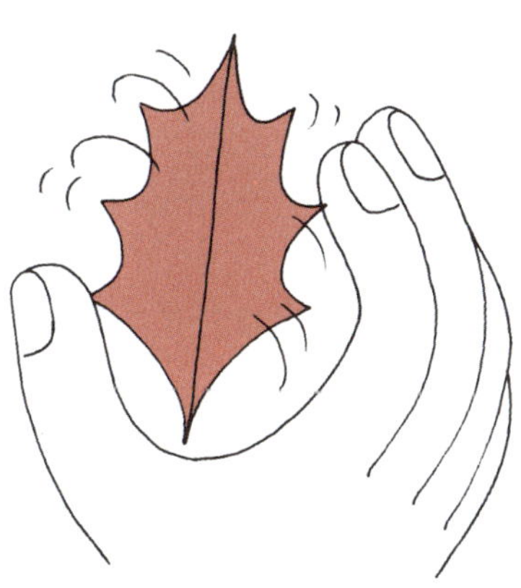

梧桐树果风车

梧桐树的果实看起来很像叶片。如图所示，将松针穿过梧桐树的果实，用手夹住松针吹气，使梧桐树的果实旋转起来。

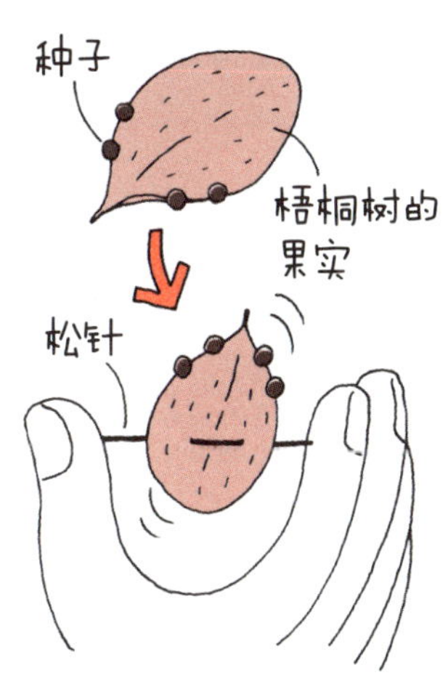

树皮拓印画 （参见植物图鉴 p.136）

体验各种树皮的不同触感并制作拓印画吧。

快来试一试！

1. 大家一起到户外，触摸各种不同的树皮，寻找触感有趣的树木。

2. 让一位幼儿将纸贴在树皮上，另一位幼儿将碳精笔或粉笔末涂在手上后在纸上来回摩擦（约 15~20 次）。可以在各种具有不同触感的树皮上尝试。

3. 将拓印了树皮图案的纸剪成各种形状，做成装饰物。

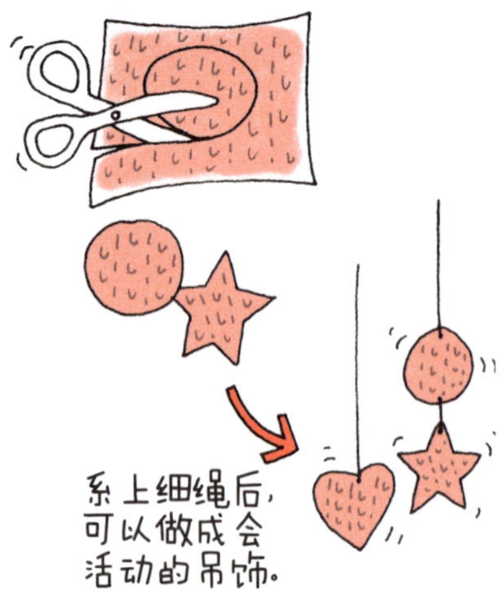

95 寻找树液

寻找从树皮中流出的树液或树脂，摸一摸。

快来试一试！

樱花树·梅树的树液

摸一摸，有的树液是硬的，有的却是软的。

枹栎·麻栎·叶栎树的树液

这些树木的树液气味强烈，夏天会吸引马蜂、鹿角甲虫、独角仙、铜花金龟子、蝴蝶等来吸取树液。

＊夏季时，只要将树皮稍微划破一点，树液就会流出来。树液可以把许多小昆虫吸引过来，试一试吧。

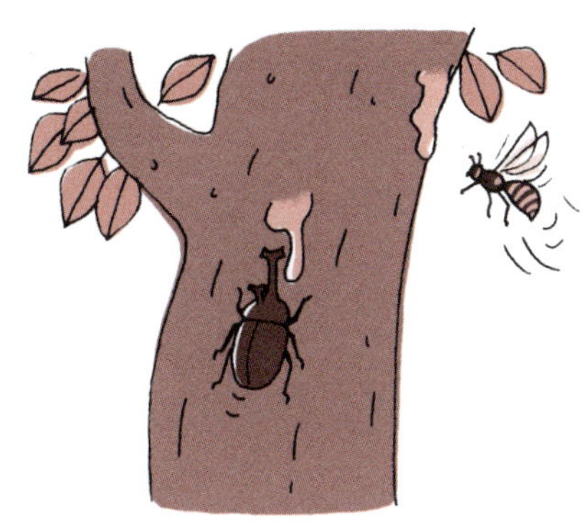

96 松脂游戏

从松树的树皮中冒出黏黏的树脂，摸起来十分有趣。

快来试一试！

用大拇指和食指取下一些松脂。用手指捏一捏，就会拉出丝来，手指一捏一放，丝会越来越多。这样的游戏会让幼儿很开心。

97 寻找虫瘤

附有虫卵的树叶上会生出一个个小瘤子，快来寻找这样的树叶吧。

快来试一试！

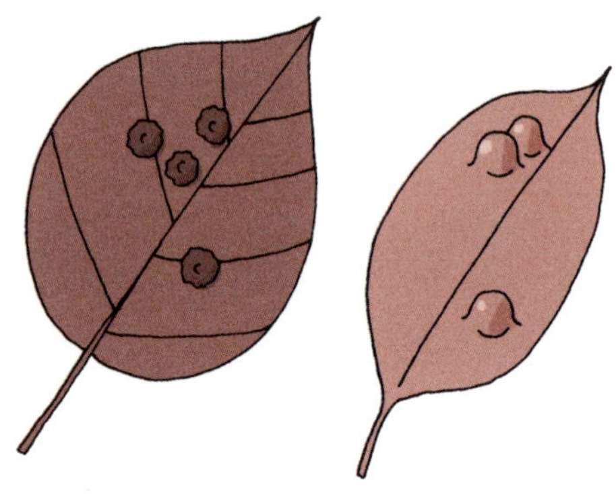

虫瘤的学名叫虫瘿，是由昆虫产卵寄生引起叶片异常发育的部分。
虫瘤在麻栎、板栗、枹栎的叶片上比较常见，可注意观察这几种树木。

98 观察树根

不同种类的树木，其树根的生长方式也会不同哦。快来仔细看一看。

快来试一试！

若发现能看见根部的树木，可沿着根部将土挖开，看看树根到底会延伸到哪里。
既有向地下垂直生长的树根，也有在地面横向延伸的树根。幼儿对这种差异以及树根延伸的长度会十分感兴趣。
待观察结束后，要记得将挖开的土壤重新填埋。

99 茎部会裂开的植物

一起观察将植物浸入水中后茎部裂开的样子吧。

快来试一试！

准备蒲公英和彼岸花等茎部中空的花朵。将花茎下端用工具刀竖着划几道口子后，插入水中。过一会儿，划开的部分就会向上卷起。和幼儿一起仔细观察吧。

＊有些花茎不用划口也能自然向上卷起。注意观察插入花瓶中的花茎情况。

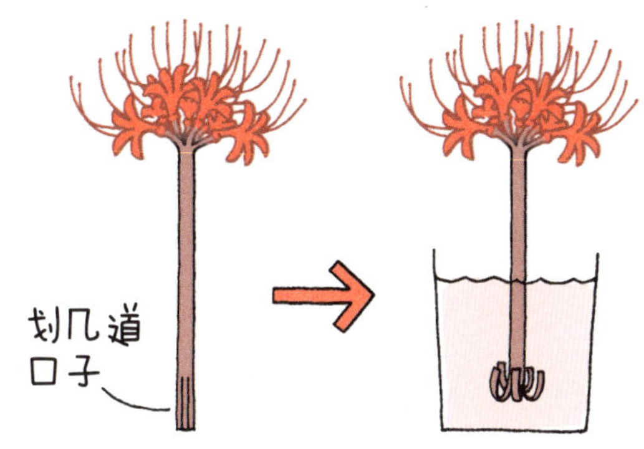

100 在夜晚盛开的花

当幼儿在园内寄宿时，可以和他们一起观察在夜晚盛开的花朵。

快来试一试！

事先了解哪些花是在夜晚盛开的，以备幼儿寄宿时和他们一起观察。也可预先将在夜晚盛开的花朵移植到花盆中，以方便观察。

Memo

在夜晚盛开的花

＊

月见草和昙花(也叫月下美人)如其名字一样，是到了夜晚才会绽放的美丽花朵。另外，夜来香也是傍晚开放、清晨凋谢的“夜属性花朵”。待宵草、荒地待宵草、大待宵草、小待宵草等各种待宵草在荒地上随处可见，可以事先将其移植到花盆中。

101 寻找种子

植物的种类不同，其种子的形状和性质也不尽相同。寻找各种各样的种子看一看吧。

快来试一试！

种子有各种不同的形状和特性，一年四季都很容易找到。与幼儿一起寻找种子，并告诉他们这些种子都是怎样传播到别处、在哪里生根发芽。

	“粘贴式”种子（粘在动物身上传播到别处）	“带绒毛”种子（随风飘散传播到别处）	“螺旋形”种子（随风飘散传播到别处）
春	窃衣（春）	药用蒲公英（春～秋）	
夏	猪殃殃（初夏）		
秋	狼把草（秋） 牛膝草（秋） 山蚂蝗（秋） 苍耳（秋～冬）	一枝黄花（秋） 宽叶香蒲（秋～冬） 芒草（秋～冬）	鸡爪槭（秋） 椴树（秋） 梧桐（秋） 百合树（秋～冬） 米面蓊（秋～冬） 黑松（秋～冬）
冬			

弹出式种子	随水漂流的种子	被鸟儿啄食并通过鸟儿的粪便传播的种子	靠动物搬运传播的种子
四籽野豌豆（春～初夏）			
酢浆草（夏～秋）			
金雀花（秋）	黄菖蒲（秋）	麻羊藤（秋）	枹栎（秋）
紫藤（秋～冬）	田皂角（秋）	卫矛（秋）	板栗（秋）
		朴树（秋）	胡桃楸（秋）
	薏苡（秋～冬）	火棘（秋～冬）	
		日本女贞（秋～冬）	
		朱砂根（秋～冬）	
	莲花（冬）		

102 用山茶花的叶片制作草鞋 （参见植物图鉴 p.135）

用结实的山茶花的叶片制作可爱的草鞋吧。

快来试一试！

1 如图，用指甲在叶片上划出口子。

2 用锥子在叶尖上钻一个小孔，将划开的部分向上卷起，插入小孔中，草鞋就做好啦。

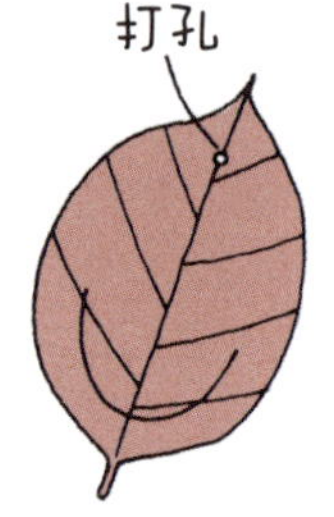

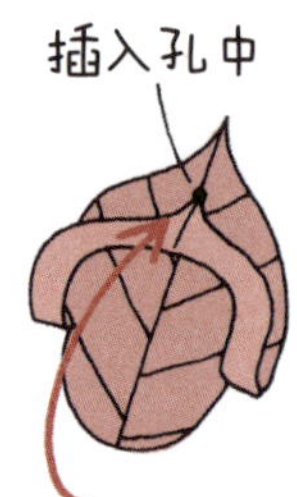

103 寻找蘑菇

一年四季都可以看到蘑菇，和幼儿一起寻找吧。

快来试一试！

蘑菇种类繁多，多见于雨后次日。可在植被多、阴暗潮湿的地方寻找。
另外，有的蘑菇可能今天出现明天却消失了，这一点需要提醒幼儿注意观察。

注意！
有的蘑菇含有剧毒，采摘来的蘑菇要经过专家鉴定，千万不要随意食用。

104 养殖香菇

试着养殖香菇吧，很简单哦。

快来试一试！

1. 在园艺店中购买几个埋有香菇菌种的麻栎或枹栎的树桩。

2. 将树桩放在阴暗的地方，每天多浇水。几周后就能长出香菇来。

   ＊经常浇一些淘米水，可以让香菇生长得更好。

3. 当伞盖部分的直径达到 5cm～10cm 时即可收获。去掉沙子洗干净后，可以放在电烤炉上烤着吃。

种植薄荷

（参见植物图鉴 p.136）

种植薄荷，感受薄荷的清香吧。

快来试一试！

需要准备的物品

薄荷苗（苹果薄荷、胡椒薄荷等）、赤玉土、腐殖土（可从园艺店购买）。

1 用铁锹松一松庭院中的土壤，然后将赤玉土与腐殖土按相同的比例混入其中。

2 种上薄荷苗后，每天浇水，直到小苗能够适应土壤为止。

＊浇水过多易导致枯萎，每次要等土壤变干后再次浇水。

3 入冬前若做适当修剪，来年可不断长出新芽。

＊不用施肥太多。

4 连枝摘下薄荷，插入水中装饰在房间里，房间就会飘散着薄荷的清香。另外，几周后茎部会长出根须，可以将其当作幼苗来种植。

嚼一嚼薄荷叶，口中便有芳香和清凉的感觉。一边感受薄荷特有的香气，一边玩过家家游戏吧。

106 种植食虫植物 （参见植物图鉴 p.136）

种植幼儿感兴趣的食虫植物，引导他们进行观察吧。

快来试一试！

需要准备的物品

食虫植物的幼苗（捕蝇草、茅膏菜等）、水苔藓、花盆、托盘。

1. 将水苔藓放入花盆中，种上食虫植物。由于水苔藓是喜湿植物，所以托盘中也要放入水，防止水苔藓变干。

   ＊不用施肥太多。

2. 夏季日照过长，水苔藓会因缺水而干枯，因此要将托盘放置在日照不强烈的地方。植株生长稳定后，初夏就会开花。因为食虫植物畏寒，所以冬季要把托盘放在日照充足的地方。

Memo

捕蝇草（茅膏菜科）

＊

拥有像贝壳那样可以张开的叶片是捕蝇草的特征。蚊子或苍蝇一旦接触到叶片或叶片上的毛刺，叶片就会迅速闭合起来捕住虫子，然后用消化液将虫子溶解掉给自己补充营养。

茅膏菜（茅膏菜科）

＊

叶片上的旋状细毛分泌出的黏状液体具有虫子们喜爱的气味，能将虫子吸引过来。当虫子被液体粘住后，叶片和旋状细毛便将虫子包裹起来慢慢消化、吸收到体内。

种植萝卜苗

在室内种植能在短时间内生长成熟的萝卜苗并进行观察吧。

快来试一试！

需要准备的物品

萝卜苗的种子、较深的盘子或杯子、厨房用纸。

1. 将数张厨房用纸叠在一起，放在盘子上。

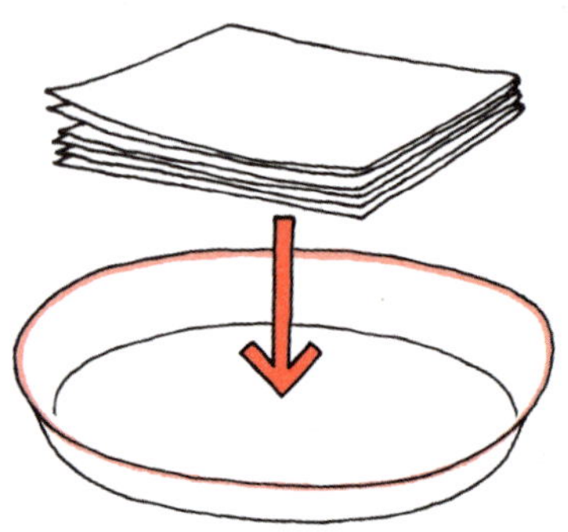

2. 让厨房用纸充分吸收水分，然后将种子撒上去。

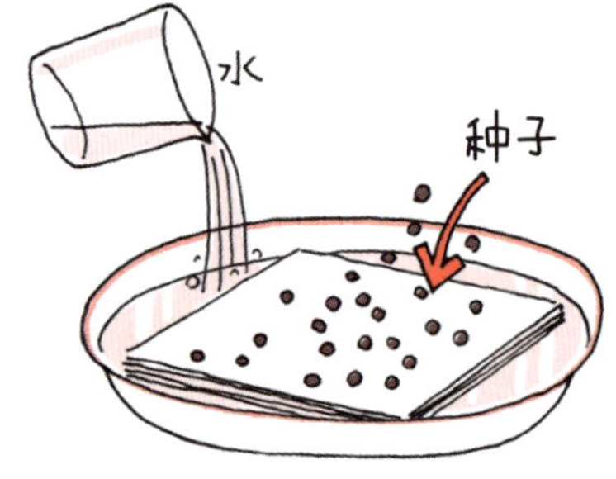

3. 将盘子置于室内阳光充足的地方直到出苗。2~3 天小苗长出来后，放在日照充足的地方，幼苗就会长得绿油油的。要注意在厨房用纸上加水，水要漫过种子和幼苗的根部。7~10 天即可收获。

洗净后用黄油炒一炒即可食用，也可用盐水焯一下。

＊食用前要注意将长霉的地方洗干净。

培育幼儿园的自然环境

增加幼儿园里的植物种类，
以吸引更多的小生物吧！
接下来介绍的是培育自然环境的一些好方法。

培育肥沃的土壤，创造物种丰富的庭院

为土壤带来营养的植物

常常听到老师们抱怨“幼儿园里的土壤像操场一样硬，植物根本无法生长”。的确，一般的土壤十分贫瘠，不适合植物生长。不过，我们可以借助一些植物的力量让幼儿园的土壤变得肥沃起来。

例如白三叶能在贫瘠的土壤中顽强生长，并且拥有使土壤变得肥沃的能力。白三叶根部的根粒菌能够储存氮元素，而氮元素能为其他植物的生长提供营养。此外，紫云英、红三叶等豆科植物以及杨梅、赤杨、胡颓子等“先驱植物”※很多都具有这种能力。特别是先驱植物的叶片中含有大量氮元素，其落叶也能使土壤变得肥沃起来。

下面介绍的是利用白三叶草培育肥土的步骤。

※ 先驱植物是指最先在荒地或裸地上迅速生长的植物。

能使土壤变得肥沃的植物。

白三叶（豆科）

红三叶（豆科）

紫云英（豆科）

杨梅（杨梅科）

秋橄榄（胡颓子科）

种植白三叶

1. 经常给向阳树木周围的土壤松松土，使其松软起来，然后在这些地方撒上白三叶的种子。
   * 白三叶的种子可在园艺店购买。

2. 在撒了种子的地方盖上 5mm 厚的土壤，每天浇水。

3. 将周围圈起来，防止幼苗被踩踏。

4. 尽管白三叶在夏末就会枯萎，但此时土壤已经变得肥沃起来，其他草类自然就可以生长。这时可以尝试种一些树苗。

落叶不是无用物

当院子里落满枯叶时，我们一般会把它们扫掉。其实，植物正是通过落叶这种方式来肥沃自己的土壤。与幼儿一起将落叶堆积在树木的根部以及院子里想要种植物的地方吧。

团子虫和蚯蚓以食腐烂的树叶生存，它们排出的粪便经微生物分解后又会变成土壤。

将落叶堆积起来制作腐殖土。

增加植物种类

土壤培育好后，接下来就是种上植物。方法有很多种，这里介绍的是能够与幼儿一起操作的扦插法。

扦插法

1. 在瓶中注入八分水，将摘下来的草本植物插进去。
2. 将瓶子放置在窗边 2~3 周，注意加水，这样茎部会逐渐长出根须。
3. 把土壤放入花盆中，种上长出根须的草本植物。每天浇水，植株的数量会慢慢增加。再将植株移植到花坛或靠近树根的土壤中，这样庭院中的草本植物就会逐渐多起来。

适合扦插的草本植物。

春黄菊（菊科）

鼠尾草（唇形科）

胡椒薄荷（唇形科）

迷迭香（唇形科）

与幼儿一起除害虫

生长中的植物遇到虫害也是一件令人头疼的事情。家长们肯定不同意在幼儿园里使用杀虫剂。接下来这里就介绍一些能与幼儿一起操作的除虫方法。

用牛奶驱除蚜虫

当蔬菜的幼苗长出蚜虫时，可将牛奶用 3 倍的水稀释后放入喷壶中，对着长有蚜虫的地方喷洒，几天后蚜虫就会消失。

定期驱除鼻涕虫

刚刚长出的幼芽有时会被鼻涕虫吃掉。在花盆和花槽中种植物时，鼻涕虫常常躲在不容易被发现的盆底，到了夜晚就钻上来把幼芽和幼苗吃掉。对此可将花盆和花槽抬起来，让幼儿确认底下是否有鼻涕虫，如有则马上驱除。由于鼻涕虫的滋生性很强，所以要定期检查。

利用植物吸引小动物

当土壤变得肥沃、庭院中种植的植物变多时，虫子就会寻植物而来，鸟儿也会来歌唱，自然环境就会变得生机勃勃。

在物种丰富的庭院中与幼儿一起做游戏吧。

鸟儿飞过来啄食树上的果子。

落叶中藏着许多团子虫和蚯蚓。

草丛中聚集着蚱蜢和蟋蟀。

花朵吸引蝴蝶和蜜蜂。

游戏拓展道具

为了充实幼儿的游戏内容，可在幼儿园准备好各种道具。

瓶子

将捡到的花草、树木的果实和种子保存起来，放在幼儿园里。不仅可以做成漂亮的装饰，而且还可以在手工创作时自由使用。

篮子

因通气性良好可用来保存捡到的树叶和果实。

水槽·玻璃箱

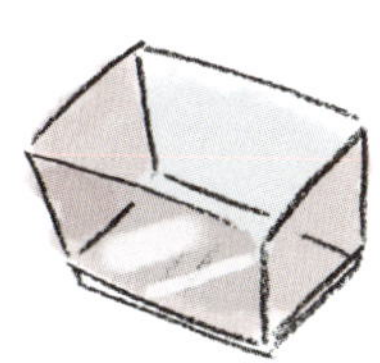

可从各个角度观察放入其中的物体，也可用来观察捕捉到的虫子。箱子变旧后，还可用来保存树果。

搅拌机

用于将树叶等搅碎。

研钵·擂杵

用于将树果或树叶碾碎，以便幼儿体验它们的触感和气味。

擦菜板

用于将树叶或树果擦成碎末。可在过家家游戏和彩色水制作中使用。

＊注意不要擦伤手指。

危险！需要注意的有毒植物

据说，中国约有 9000 余种有毒植物。有的在触摸后会使皮肤过敏，有的在食用后会引起拉肚子，有的甚至具有致命的剧毒。

幼儿在玩耍时喜欢舔一舔或摸一摸植物，因此老师要对有毒植物有充分的认识，并将这些知识教给幼儿。

关于有毒植物的书籍很多，可与幼儿一起阅读。另外，还可向熟悉该地区植物的人请教。

身边的几种有毒植物（例）。

侧金盏花（毛茛科）

与乌头的毒性一样强烈，误食后会导致呕吐和呼吸困难。

木防己（防己科）

山中常见植物，果实如葡萄般大小，误食后会导致心脏和呼吸中枢麻痹。

马醉木（杜鹃花科）

石楠花（石楠科）

有剧毒，误食后会导致呕吐、痢疾，甚至窒息死亡。

大字杜鹃（杜鹃花科）

毒八角（莽草科）

常作为扫墓的供品。植物的每个部分都有剧毒，误食果实可致命。

夹竹桃（夹竹桃科）

能在恶劣环境下生长，常见于路旁、公园和学校。食用其叶后会导致呕吐、心脏麻痹，甚至死亡。

桃子（蔷薇科）

梅（蔷薇科）

杏（蔷薇科）

食用尚未成熟的青色果实可能会导致中毒死亡。

漆树（漆树科）

山盐青（漆树科）

手碰触叶片或树枝后可引起过敏。

后记

体验大自然，提高生存能力

我小时候特别喜欢外出玩耍，常常和伙伴们一起在山野间打闹、捉虫子、玩泥巴、吃树果、堵截溪流、在树林里探险……每天都过得特别开心。

在与大自然嬉戏的童年时代，邻居家的大哥哥们就是我崇拜的偶像。他们可以轻松地爬上很高的树木，很熟练地玩弄芒草弓箭，还知道很多可以找到橡子的神秘地带……总之，他们是极具魅力的自然游戏的传承者。

同时，身边的大人们一直守护着我们，并且教给我们许多知识，与我们一起观赏美丽的金花虫。当我们碰触了有毒的植物时，又会十分严肃地给我们许多忠告。

如今的孩子们大概很难与大自然有如此近距离的接触吧。

通过视觉、听觉、嗅觉、味觉和触觉去感受大自然，幼儿对知识的好奇心、探究心以及对科学的探索欲就会自然地萌发。通过这种方式，幼儿能够学会感知生命，丰富自然观，培养社会能力以及欣赏能力，从而使综合能力得到发展。另外，身处优美的自然环境，也有助于保持幼儿身心的平衡发展。

幼年时期丰富的自然体验，有助于人类生存能力的发展。

那么，我们身为关注孩子成长的大人们能够做些什么呢？我认为那就是与幼儿一起感动和分享，成为自然游戏的传承者，教给他们感兴趣的自然游戏，并为他们提供进行自然体验的机会和环境。

请与幼儿一起体验各种自然游戏，培养他们的生存能力吧！

出原　大

作者简介

出原 大

关西学院圣和幼稚园（兵库县西宫市）园长。在幼教杂志《Lapomme》、《Kodomoto》（日本株式会社学习研究社出版）上发表了关于自然和植物游戏的连载。访问了日本多个保育园和幼稚园，就自然和植物环境问题与幼儿园老师们进行交谈，并在此基础上于 2008 年发表了论文《考察幼儿教育中的植物环境》。

STAFF

策划编辑●中野明子

设计● Saitou 真砂

封面● Higuchi Miori

正文插图●浅羽壮一郎　Utsumi Noriko　Matsunaga Aki

照片●出原大　学研照片资料室

编辑助理●小林留美　小杉真纪

校对●佐佐木智子

植物图鉴

本书“春”～“一年四季”中出现的
部分植物图片。

春日

紫云英
→ p.9 蒲公英游戏

车前草
→ p.10 斗车前草

笔头草
→ p.10 笔头草 · 笔头菜猜谜

笔头菜
→ p.10 笔头草 · 笔头菜猜谜

四籽野豌豆
→ p.11 四籽野豌豆哨子

花↑ 果实→

看麦娘
→ p.11 看麦娘哨子

荠菜
→ p.14 荠菜摇铃

鱼腥草
→ p.17 喝一杯鱼腥草茶

含羞草

→p.18 种植含羞草

叶片被触摸后闭合的样子↑

棉花

→p.19 种植棉花

果实↓

花↑

落花生

→p.20 种植落花生

凤眼兰

→p.23 栽培水草（凤眼兰）

葫芦

→p.24 葫芦的种植 · 制作

芙蓉麻

→p.27 芙蓉麻的种植 · 纸的制作

夏

夜来香

→p.34 夜来香的种植・游戏

白三叶

→p.37 白三叶游戏

木槿花

→p.38 用木槿花・芙蓉花制作彩色啫喱水

芙蓉花

→p.38 用木槿花・芙蓉花制作彩色啫喱水

鸭拓草

→p.39 神奇的鸭拓草

狗尾巴草

→p.42 狗尾巴草游戏

葛藤

→p.43 葛藤叶炮

山牛蒡

→p.43 用山牛蒡的种子作画

无患子

→ p.44 无患子泡泡游戏

果实↑

树木↑

木贼

→ p.49 制作木贼磨甲刀

橡子

→ p.60 橡子游戏

枹栎↑

梅花草↑

麻栎↑

日本女贞

→ p.63 日本女贞炮

果实↓

花↑

各种树木的果实

→p.64 投掷树果

长叶松

美国枫香

黑松

杉木

水杉

挪威云

干燥后的
榠楂果实

板栗

山茶花果实的皮

红茄的果实

胡桃

桤木

无患子

日本铁杉

椴树

→p.66 椴果 · 槭种降落伞

槭树

→p.66 椴果 · 槭种降落伞

苍耳

→p.70 苍耳飞镖

薏苡

→ p.70 薏苡项链

山茶花

→ p.74 制作山茶油、p.112 用山茶花的叶片制作草鞋

果实→

木瓜

→ p.75 烹制木瓜茶

冬

冬天的幼芽

→ p.78 寻找冬天里的幼芽

日本七叶树↑

木兰↑

风信子

→ p.86 风信子 · 春番红花的水培法

春番红花

→ p.86 风信子 · 春番红花的水培法

大叶冬青

→ p.92 大叶冬青明信片

冬

南天竹

→p.93 南天竹雪兔

柊树

→p.93 柊树避邪物

↑花朵，树木老去后叶子就会变圆。

树皮

→p.106 树皮拓印画

樟树↑　日本樱花↑　麻栎↑

薄荷

→p.114 种植薄荷

苹果薄荷↑

胡椒薄荷↑

食虫植物

→p.115 种植食虫植物

捕蝇草↑

茅膏菜↑